顾彼思商学院（（

[日]佐藤刚 著

胡静 译

组织管理

グロービス MBA 集中講義［実況］組織マネジメント教室

北 京 时 代 华 文 书 局

图书在版编目（CIP）数据

组织管理/顾彼思商学院，（日）佐藤刚著；胡静译. -- 北京：北京时代华文书局，2016.10
（MBA 轻松读）
ISBN 978-7-5699-1196-1

Ⅰ.①组… Ⅱ.①顾… ②佐… ③胡… Ⅲ.①企业管理－组织管理学 Ⅳ.①F272.9

中国版本图书馆 CIP 数据核字（2016）第 217751 号

北京市版权著作权合同登记号　字：01-2016-1474

〈JIKKYO〉SOSHIKI MANAGEMENT KYOSHITSU
Copyright ©2014by GLOBIS
Written by Takeshi SATO
First published in Japan in 2014 by PHP Institute, Inc.
Simplified Chinese translation rights arranged with PHP Institute, Inc.
through Bardon-Chinese Media Agency

ＭＢＡ 轻 松 读 ： 组 织 管 理

MBA Qingsong Du Zuzhi Guanli

著　　者｜顾彼思商学院　　[日]佐藤刚
译　　者｜胡　静

出 版 人｜王训海
策划编辑｜胡俊生
责任编辑｜樊艳清　李唯靓
装帧设计｜迟　稳　王艾迪
责任印制｜刘　银

出版发行｜北京时代华文书局 http://www.bjsdsj.com.cn
　　　　　北京市东城区安定门外大街 136 号皇城国际大厦 A 座 8 楼
　　　　　邮编：100011　电话：010-64267955　64267677
印　　刷｜河北鹏润印刷有限公司　0317-5196862
　　　　　（如发现印装质量问题，请与印刷厂联系调换）
开　　本｜880mm×1230mm　1/32　印　张｜7　字　数｜130 千字
版　　次｜2017 年 6 月第 1 版　　印　次｜2017 年 6 月第 1 次印刷
书　　号｜ISBN 978-7-5699-1196-1
定　　价｜39.80 元

前　言

　　作为公司，或者作为个人，这种做法真的好吗？——在工作时，你是否突然会有这样的困惑？有时你是否会觉得还有更好的方法？这些念头不仅会在对待自己的工作时出现，也会在你看到上司或同事的做法时出现。

　　组织管理的形态不仅与人事部有关，甚至还会与当事人的自身问题直接相关。或许你正是因为意识到了这方面的问题才会翻看本书。

　　作为这方面的专家，我有时也会在组织工作的进行方式上感到迷惑与烦恼。这或许会让你感觉很奇怪。当然，我会在我的课堂上通过典型事例为大家介绍绝对有用的理论或案例来进行学习，但在现实中，我认为在很多领域中处理问题都不能千篇一律。

因此，在我对于组织管理感到困惑时，我会将"人"带入组织中去进行思考。组织就是人的集合体，因此要从作为其构成要素的人的行动原点出发去进行思考。人类不是机器，我们拥有感情，我们的能力也有限。拥有这些特点的人们协同劳动才有了组织。实际感受到这些并进行判断，这就是组织管理中的重要之所在。

例如，当我们在商学院的课堂上讲授组织管理时，总是会听到学生们说"我好像能够明白领导的用意了"。在上课之前，他们都在竭尽全力地做自己的工作，他们理所当然地认为领导就该下达业务指示并对结果进行评价，认为这就是领导应该发挥的作用。有时他们也会对领导的做法产生怀疑。

在课堂上，他们会将自己放置在领导的位置去进行讨论与说明。如此一来，大多数人会感觉到以前理所应当地认为领导就该会做的事情有多么困难。

反观自己和同事的行为时，大家会发现每个人获得干劲儿的源泉都不尽相同。这样就很容易使大家联想到，作为上司要提高下属的工作热情是多么困难。

　　在课堂上让学生们发现这些是商学院的教育目的之一。从了解理论知识，到针对如何进一步将其应用于实践并提出自己的见解非常重要。为此，我的课堂并不是老师的一言堂，而是我以讲师的身份去与学生进行讨论。

　　通过相互学习，通过每个职业经验不同的学生们的提问与评论使我收获很多。有些问题有时也会让我陷入思考，并不能当场做出回答。而且，越是简单的问题就越是难以回答。一个在我认为理所当然的事情被学生们拿出来进行提问时，有时会让我难以回答。因此，我开始读更多的书，更多地进行思考。这些经验都是在授课中得到的。在此意义上讲，我认为商学院可称得上是学生与讲师进行真正较量的舞台。

　　本书是根据我的课堂讲授内容为基础编纂而成的。

　　通过这样独特的课堂，大家可以了解到商务人士拥有哪些烦恼，他们在为什么而辛劳。而了解它们带来的成果就是，本书充满只凭作者一人无法想到的多种多样的观点。本书并不是简单地以对组织管理的思考方法进行解说而告终，而是带入了商业人士的观点。你能够从中了解到这些实践者，甚至是和你有着相同烦恼的商业人士为此实践了解了什么，或者为了进行有效的实践需要抓住哪些要点。

当然，每个人选取的视点与拥有怎样的问题意识最终在于他本身。不过，如果能以本书为引导，使大家对组织管理产生兴趣，进而产生希望自己成为组织领导者的意愿，那么作为笔者，我将不胜荣幸。

目　录

前　言／001

序章 为什么要学习组织管理？／001

什么是组织管理／003

第1章　为什么要在组织中工作？／015

1.个人能力有限／017

2.组织与创新的关系／022

3.以提升"自我充实感"为目标／031

第2章　多样性的组织形态／037

1.核心技术与组织形态／039

2.组织与企业战略／045

3.组织文化／052

4.今后的组织的方向性／058

第3章　在组织中工作／061

1.人事制度／063

2.职业愿景／086

第4章　为什么要有下属／095

1.经理的工作是什么／097

2.管理与领导／105

3.驱动属下／109

第5章　经理的辛劳／119

1.人并不只凭理性行动／121

2.个人思考的弊端／126

3.经理的终极目的／131

第6章　理解组织构造，驱动组织运作／135

1."执行"与"行政"／137

2.制定经营战略／143

3.设计组织／146

4.设计、运用人事制度 / 155

5.制作预算 / 158

第7章　总经理 / 161

1.总经理的定位 / 163

2.环境分析与战略应对 / 166

3.组织变革 / 169

4.培养接班人 / 172

第8章　新动向 / 175

1.工作与生活的平衡 / 179

2.多样性 / 186

3.网络组织 / 193

4.现在的组织与个人之间正在发生什么？ / 200

结束语 / 207

参考文献 / 211

为什么要学习组织管理？

什么是组织管理

■ 组织管理概况

"组织管理是怎样的学问？"——每当被问及于此，我的脑中总会浮现出各种各样的回答方法，但用最为简明扼要的语言来说，就是"使人有干劲儿"。用其他语言表现的话，就是"促进组织中成员们的行为改变"。

作为组织，它必须要有目的以及需要实现的计划，也就是说，组织必须要有战略。如果每位成员依照战略行动，组织就能产生出单靠个人无法达成的巨大成果。如果组织中的每位成员都能够不用别人督导就能很好地把握组织的目的，理解自己应该采取的行动并开展、实施就再好不过了，但在组织的运营上绝没有如此简单的事情，在现实中则更加不可能。

假如是几十人的小集团，通过每天紧密的沟通交流可以使组织的目的得以共享，最终使全体成员向着同一方向前进。但假如是百人、千人，甚至是万人规模的巨大组织就必须要在最初制定好规则达成共识，也就是说，必须要通过制度使成员们向着同一方向前进。

比如，企业会有长期计划与详细的年度目标，为了达成这些目标，必须督促每位职员展开确切的行动。这就是"使人有干劲儿""促进行为改变"的意思，也就是组织管理的目标。

■ 2种方法——"人际沟通"与"制度设计与运用"

使人有干劲儿的方法，也就是组织管理的方法大致分为"人际沟通"与"制度设计与运用"两类。

人际沟通

这是利用个人与个人之间的交流来驱动他人的方法。领导向下属传达目标或指示、对工作成果进行评价，表扬、批评等都是

这一方法的代表性手法。领导带着略有不满的属下去烤肉店，在一起喝酒的同时听听下属的牢骚、消除下属的压力等可以说是日本企业惯常使用的人际沟通手法。

在组织管理用语中也可将其称之为"组织行为学"（OB：Organizational Behavior），商务书中经常使用的领导力也涵盖在这一领域之中。

制度设计与运用

组织内制度是指通过组织构造、人事评价制度、组织文化等组织系统驱动他人的做法。如果说组织内交流是"个体层面的管理"，那么组织内制度则是"组织层面的管理"。

在遵循组织战略的前提下获得了较大成果就会得到提升并出人头地，不遵循组织意愿的行动则会获得差评，通过制定公司规则统一员工意识等都是这一手法中常用的例子。运营优衣库的迅销公司在工资制度上进行"国内外工资统一"的改革，因而培养了员工的全球化意识。这也是一个通过利用组织内制度使员工行动起来的实例（参照迅销公司HP）。

它与组织管理用语中的"人力资源管理"（HRM：Human Resource Management）相一致。组织中的成员对于组织而言是有用的资源，如何使他们得以有效利用就是其目的。另外，使组织中成员的行动发生改变的另一个制度就是组织结构。人们把需要设计怎样的组织作为焦点形成的研究领域称之为组织理论（organizational theory）。

人际沟通与组织内制度的比较

人际沟通与组织内制度这两种手法都要通过以心理学、社会学为基础的人类行为机制组建而成，都各有利弊。

人际沟通见效快，但效果持续时间短、作用空间狭小。

例如，沟通能力强的部长在会议上对属下进行了申斥激励，这样会激起属下的干劲儿。但是，这一效果会随着时间的流逝而逐渐降低。另外，如果对身边的几个人运用这一手法可能会立竿见影，但它却不太可能适用于上万员工。对隶属于地区分公司等分散开的员工使用这一方法则更加困难。

另一方面，**组织内制度是通过组织结构、人事评价制度等体系驱动人的做法**，因此效果不会即刻显现。但如果形成了良好的体系，就会超越时空，能大范围地发挥长期效果。一旦构筑了人事评价制度并确实地运用它，即便员工成千上万，同样能促使他们的行为改变。

管理组织，在根本上需要人际沟通与制度设计。由于组织的规模、形态、社会环境等各不相同，两者的占比可能会发生变化，但只单独采用一种形式是不够的。

如果是家族经营的城镇蔬果店，那么可以通过家人之间的交谈来强化店铺组织。这时或许用不着考虑"什么是关于蔬果店的绩效人事评价制度"。

另外，刚刚创业的企业也能单靠社长的领导魅力强化公司，使其获得巨大的成长，这并不稀奇。虽然初创企业无暇事无巨细地去考虑组织设计，但社长与员工却可以抱成一团，向着共同的目标迈进。

不过，并不是所有初创企业都能始终保持这种进取之势。随着公司的成长，组织会不断扩大，一旦事业范围拓展，单靠社长的领导魅力或热情统筹整个组织会越发变得困难起来。这就需要找准时机，彻底调整组织构造或人事评价制度等体系。

■ 企业活动与组织管理的活用方法

怎样在企业中灵活运用组织管理呢？参照图表1即可说明人际沟通与组织内制度这两种手法是如何在企业管理活动中得以运用的。

首先，企业所处环境具有"不确定性"这一特征。即便是杰出的经营者也无法100%预测到未来。企业必须在变幻莫测的环境中实现目标。为了突破不确定性，最初所需要的就是决定组织要怎样前进。也可以说是决定航向或方向。

首先能够决定组织的方向性的是领导力。领导明确提出"我们要进军东欧市场"，这样就决定了方向。

图表1 ◆ 企业创新走向与组织管理的关系

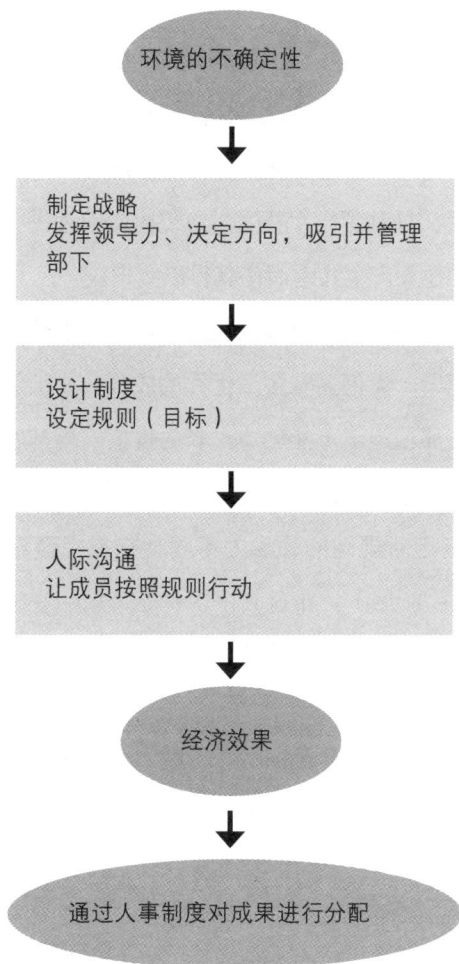

环境的不确定性

制定战略
发挥领导力、决定方向，吸引并管理
部下

设计制度
设定规则（目标）

人际沟通
让成员按照规则行动

经济效果

通过人事制度对成果进行分配

但是，组织中只有领导也无法运作。必须有人在此之后遵循领导表明的方向展开行动，而且这种追随关系必须保持不变。

领导力就是提出其他看法并制定新规则（make a rule）。领导要针对环境的不确定性制定出新的规则。

如前所述，这种领导主要通过组织内沟通来进行，或者通过描绘蓝图让其他人产生共鸣而使其得以实现。

新规则制定后，最为重要的就是管理组织中的成员，使其在行动中遵守规则。无论拥有多么优秀的成员，如果他们只是各自为政地行动，那就绝不可能创造出新的价值。要彻底进行流程管理，让所有成员都能在行动中遵守规则，直到取得经济成果。

管理与制定新规则的领导力不同，它是指遵守已制定的规则（keep the rule）。在这其中多少会牵扯一些组织内沟通，但基本上还是通过组织内制度进行的。因为规则可在短时制定出来，而要取得经济成果却要花费相当长的时间。有时可能需要花费多年时间。在这样漫长的时间中，成员的行为会发生改变，如果希望他们能够向着你所希望的方向前进，那就只能对组织制度进行管理。

通过领导力制定规则、进行组织管理，使成员们在行动中遵守规则，越是顺利地推进这一流程就越能更加有效地进行企业活动，最终取得成功。

■ 什么是组织管理的最终目的

前面已经大体上向大家说明了什么是组织管理、组织管理能做什么。对于组织管理，大家心中可能已经有了大概的印象。

总结来说就是"为了让组织能朝着更好的方向、更加高效地运作而促使人的行为发生改变"。

但是，组织中"更好的方向""更高的效率"是指什么呢?

一般人都会回答"提高收益"。只要是企业，其组织的朝向就应该是成长、提高收益、积累财富，组织管理正是为了组织本身而存在的。

只要是盈利企业都会将成长与提高收益看作是非常重要的目标。但它却不是组织管理的最终目标。

组织管理的目的之一，简单来说就是让每个所属成员快乐地工作并收获更多"成果"。

众人合力协作，为达成一个目标而进行的工作称为"协作"。为此而成立的组织称之为"协作系统"。组织管理就是为组织的运营建立更好的协作系统的手段，企业所谓的"更好"就是达成理念，其最终结果就是在愉快地工作后获得经济成果。

组织管理的成功会活化组织、提高效率、产生更大的利益。但仅仅这些并不是组织管理的最终目的。在活化的组织中工作会使成员感到快乐并创造价值，而在组织获得利益后，这种利益又会以提高薪金、福利待遇等形式反馈给个人。这才是组织管理的目的。

最近也有一些企业被称为血汗工场。这些企业的利益与所属人员的个人幸福并不一致。它们为了获得企业的利益而强制成员工作，将人类作为工具使用。但是，**最初创造组织的目的是为了丰富人类的生活**。纵观历史，正是为了在产业革命时期诞生的大量生产技术、运输技术得以实现才产生了近代公司组织。

进一步来讲，我们也可以认为组织是为个人幸福而发挥作用的。它在今后的职业规划上会成为一个重要思想。

有个词语名为Subjective well-being。直译为"主观幸福感"，本书中将之译为"自我充实感"。这一词语所指的并非社会上的普遍幸福感，而更重视人们各自拥有的不同的主观幸福感。另外，Subjective well-being不是利己主义的主观幸福感。因为它的"良好状态"是在与他人的关系中产生的。

图表2 ◆ 层面众多的组织管理

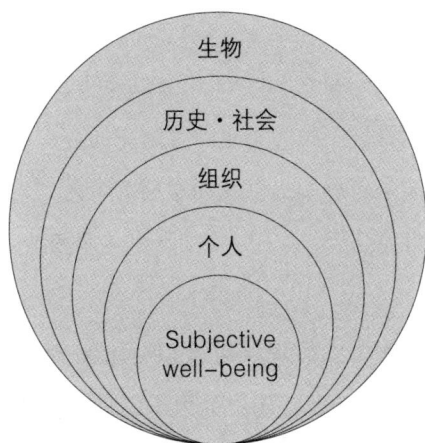

生物

历史·社会

组织

个人

Subjective
well-being

　　如上图所示，个人的Subjective well-being存在于多个层面之中。生命自然要依赖生物层面，这是毋庸置疑的。人类作为生物形成的集团随着时间的流逝而具有了历史与社会层面。例如，对于生活在社会等级制度严格的社会中的个人而言，他的Subjective well-being一定与生活在无阶级社会的个人有所不同。生长于不同时代、不同社会中的人有着千差万别的Subjective well-being。

　　而且，关注现代社会就能发现，个人与组织有着密不可分的关系。即便其他层面都相同，由于每个人的生长环境、受教育情况的不同也会造成Subjective well-being的迥异。

由此可见对于个人而言的"良好状态"并不是单靠个人就能自我完成的。

因此，我认为，对于Subjective well-being的追求正是组织存在的理由。组织管理不是为了企业等组织而存在的，其存在目的是为了提高组织中所属个人以及利益相关者的"自我充实感"。自我充实感获得提高后，组织才能对社会做出贡献。

第1章将会从历史的观点对组织与组织管理的意义进行解说，第2章起则是对企业工作中的组织管理方法进行具体解说。会从多视点对组织管理进行讲述，并展开各种讨论，这些论点大都牵涉本章中所接触到的"人际沟通"与"制度设计与运用"，这是组织管理的两个核心。组织管理的目的是通过提高Subjective well-being，持续为社会提供价值，并由此获得社会认同。如果能在阅读此书时将这一点常记心间，那么就能更加深刻地理解各章节，以及书中的整体内容。

第 **1** 章

为什么要在组织中工作？

1.个人能力有限

■ 人类是"社会性动物"

5万年前的人类曾经与尼安德特人就猎物与居住地展开过竞争。而最终在这场生存竞争中获胜利的却是在体格上与尼安德特人相比完全处于劣势的人类。据说人类获得胜利的原因就在于集体行动。尼安德特人身材魁梧且有力气,即便不与他人合作也能进行狩猎。因此他们所谓的集体最多是一家人在一起生活。与之相反的是,人类必须要通过集体团结一致地行动才能捕获巨大的猎物。

每个人的能力都是有限的。创造组织、归属于组织就能掌握可以使自己的能力得到补充的技能,从而使文明得以发展。也可以说这个过程本身就是人类的历史。

哲学家亚里士多德曾明确提出过这一点。亚里士多德是与苏格拉底、柏拉图并称的著名古希腊哲学家，他曾定义"人类是社会性动物"。他曾断言，人类与其他动物不同，是只能在社会这一集体中生活、进化的动物，无论个人意愿如何，独自一人都无法生活。

大约在同一时期，中国哲学家孔子也通过不同的视点对这一问题进行了思考。他通过社会性视点论述了国家形态，并在其中表明"人类无法像野生动物一样独自存活"。虽然表现形式不同，但其本质部分却与亚里士多德的思想一致。

两位生长于不同大陆之上，文化背景、历史价值观完全迥异的哲学家最终得出了同样的对人类这一物种特性的观点，这颇为有趣。

■ 西蒙的有限理性

亚里士多德与孔子都做出了**"人类是为了更好地生活而形成组织的动物"**这一定义，而前提是人类本身要**"能够通过理性做出正确的判断"**。

受到亚里士多德巨大影响的柏拉图认为，假如哲学家成为国王治理国家，一切都会变好。同样，孔子也曾说过只有优秀的君王才能治理出太平盛世。人类拥有完美理性这一前提曾经在人类历史中占据主导地位。

赫伯特·西蒙对这一思想提出了反对意见。西蒙是对政治学、认知心理学、经营学等进行研究的美国学者，1978年获得了诺贝尔经济学奖。

图表3 ◆ 理性的思考方式

这一思想认为，理性就是无所不知、无所不能的神本身。与这一完全绝对的理性相对而言，与神相比，人类只具有有限的理性。

他提出"人类并不是完全理性的存在，人类只是获得了有限理性（bounded rationality）"。这里所提到的"理性"是指无所不知、无所不能的神之逻辑。也就是说，无论人类以获得怎样完美的智慧或能力为目标，那最终都不会实现，人类只能在有限的理性之内生存。

也就是说，正因为人类是只有有限理性的动物，所以人类才不能单独生存，而要形成组织，在集体中作为社会性动物而生存。这就是人类的认知特性。

以蚁群作比喻，每只蚂蚁都只拥有限的能力或判断力，它们只能进行有限的行动。但在蚁群中的蚂蚁则能做出极为理性的行为，它们能在找到食物时迅速集群，将食物进行分解并搬运至巢穴。即便只是拥有有限理性，在集体中进行组织行为也能发挥出个人无法企及的高水平能力。

人类具有动物与生俱来的认知特性，具有有限理性。假如有人能够长期采用完全理性的判断与行动，那么他的生活就会更加丰富多彩、更加幸福，但这是不可能的。对于每个不完美的人类而言，形成集体、在组织中行动才能产生更加理性的行为。人类能够战胜尼安德特人的根源也在于人类具有结成组织的能力。从这一点上来讲，生活在现代社会中的人类在组织中工作是一种自然行为。

然而，形成集体并不意味着成为了完美的存在。

假如人类具有绝对理性，形成集体，也不会有什么问题出现，能够长期进行正确而有效的集体行动。遗憾的是，由于人类只具有有限理性，因此组织内部就会出现多种多样的问题。人类结成组织能在多方面取得巨大的成果，然而另一方面，这样结成的组织自身也会出现很多问题。解决这些问题就是组织管理的目的之一。

组织是人类强而有力的武器。正因为组织是充满能量的武器，因此才会出现众多问题，这些问题有时还会导致组织效率恶化、甚至为组织中的成员带来不幸遭遇。为避免发生类似的不幸，使组织取得更多成果，我们才要寻求适当的组织管理。

2.组织与创新的关系

产业革命以后，组织规模迅速扩大，与此同时，组织管理技术也在进步。家庭手工业组织逐渐变为可进行大规模大量生产的组织后，它需要更多的劳动者有组织地连接在一起并发挥他们的能力。在英国，这表现为如何将各地区乃至都市中的年轻人培养为劳动者。

然而，随着时代的进步，大规模组织在迅速增加。因此，为了不输给竞争对手，**有些组织开始精简组织、提高效率，即便如此还是很快会有竞争对手出现。**如果为了进一步提升组织效率而一味蛮干，最终会让组织走入绝境。

打破这一困境的方法之一就是约瑟夫・熊彼特所说的"创新"。

想要在组织中进行创新，单纯地将组织中工作的个人看作劳动力是不够的，必须要将他们看作是具有创造性的个体，并将他们的能力结合起来。

产业革命在现在看来也是一次巨大的创新。其原动力是蒸汽机的发明。实际上，单靠发明此技术的瓦特并不会创新出大量生产技术。瓦特作为发明家而言是非常优秀的人，换个角度而言他也是一个宅男，据说他本人完全没有考虑过蒸汽机应该如何使用。虽然他尽心竭力研制蒸汽机，但却对蒸汽机如何应用于世、它会为人类带来哪些好处等并没有明确的计划。

让蒸汽机成为汽车以及产业机械动力系统其实是他人所为。他们思考怎样才能利用瓦特发明的蒸汽机来改变社会，并且采取实际行动，由此才出现了产业革命这一改变世界的巨大创新。

整合关键技术才会出现创新。经济学者熊彼特用"新结合"这一词语对此进行了说明。**关键技术并非人们常说的技术，而是与核心技术一样，其中包含了知识、经验、技能、想法、商业模式等含义。**

关键技术掌握在很多具有个性的人们手中，将他们组合在一起才会产生创新。当然，关键技术具有多样性，才能形成独特的事物。

这一新结合的基础就是组织。单独的个人无论拥有怎样的技术与创意，如果不将其结合就无法引发创新。只有在组织这一人类的集体中才会更容易产生新结合。为此，要产生创新就需要容易产生新结合的组织设计与管理。并且，将创意变成有形物提供给社会时，组织也是必不可少的。微软公司利用电脑软件改变了世界。虽然公司出售的很多软件都产自其他地方，但利用组织力开拓市场并使其发展成默认行业标准的却是微软。

给社会带来新价值时，个人的独创性固然重要，但不可或缺的还是能够使其独创性得以具体化的组织。

■ 花王创新的秘密

引发能够产生创新的新结合需要怎样的组织管理呢？花王采用的Management By Wandering Around（MBWA）手法就是其中一例。MBWA为巡视之意。

花王是一家涉及化妆品乃至家用清洁剂、洁厕用品等大范围商品经营的大型化学用品生产商。它善于将有别于传统的技术进行组合，并用其创造出新产品。例如，已成为大热商品的扫除用品"魔法扫把"中所使用的不织布原本是为女性卫生巾或婴儿尿布而开发的技术。花王公司的清洁用品部门将其活用后产生了魔法扫把。

如中小企业一般的小型组织要想把握其他部门拥有怎样的技术非常容易，由此制作出跨部门的商品也并不稀奇。但这对于类似花王的大型企业来说，不同部门就像是另一家公司，即便是在同一公司内也很难掌握各自拥有的技术。使各种独特的技术结合在一起是创新的大前提，但能够做到这些的大企业却十分有限。

花王跨越部门间的壁垒，结合不同的技术生产出魔法扫把体现的是社长的能力。花王社长亲临工作车间巡视已成为传统。高层领导跨过部门间的壁垒，向工作车间的技术员或营业员咨询，并在必要时介入。据说这一新颖的商品最初在推销方式上也曾遇到过难题，但正是由于公司将此前在同一家公司内各自为政的技术与创意相结合，才会打造出产生创新的基础。

这并不是依靠花王公司社长一人之力能够完成的。这是使用了MBWA这一手法，或者制造出能够采纳这一手法的组织才会产生的创新。由此可见各公司社长的能力高低固然重要，但更为重要的还是在于组织能否认真应对车间的意见。

另外，花王能利用MBWA发挥成效可能也与社长本人是技术工作者出身有关。不懂技术的高层领导即便多次巡视研发车间也很难产生新结合。花王公司历来以拥有技术知识与经验的人为社长，可以说这也是引发新结合的组织管理。

除像花王一样由社长率先巡视车间的方法外，**还可以在公司内部举办商品博览会。这是倡导其他部门也一起参与研究的一种发表会**。在公司内举办商品博览会是有望成为产生新结合的契机。

除此之外，还可以利用公司内聘任制募集新业务。针对优秀的企划案可给予积极的奖金鼓励，也可以请企划人作为社长成立新公司。

另一方面，很多企业并不善于进行新结合。其原因在于在组织规模扩大的同时，部门间的壁垒也在逐渐增厚，不仅彼此间的信息交流不畅，甚至公司本身也难以完全掌握各部门的动向。因此，有些企业会为了掌握员工的技能而特意构建数据库。

■ 组织是引发创新的工具

前面已经提到了以新结合为关键产生创新的组织，那么，组建这样的组织一定就会产生富有创造力的产品或服务吗？并没有这么简单。此前曾经做过很多调查，但对于如何才能形成产生创新的组织这一问题尚没有明确答案问世。有意进行新结合的组织管理也只不过调整出有利产生创新的环境，未必一定就能出现创新。

但此前的讨论也并非毫无意义。打造有利于产生创新的组织、制造可以产生创新的土壤虽然不是产生创新的充分条件，但它却是必要条件。如果公司内的员工没有可以沟通的场所或机会，那就会连以安全管理的名义与其他部门进行往来的机会都没有。反之，如果公司内部能够进行自由沟通，那么极有可能产生富有创造力的产品，而且还可以通过市场活动提高收益。

Q&A

——很多人认为组织中不会出现真正的创新。

这一观点认为，被组织管理、接受命令而工作的人不可能产生出能够改变社会的真正独特的产品。能够产生创新的最终只能是不被组织束缚的个人想法。例如，正因为马克·扎克伯格不是企业而是个人，因此他才能创造出facebook。

如果将这一观点中的"创新"一词替换为"创造"，我会完全赞同这一观点。富有创造性的产品不产生于组织，它源自个人的天分与技能。

图表4 ◆ 创新的诞生

创新一定是由个人才华开始。但为了使这种才华具体化则需要从多角度
进行讨论。而且，只要产品作为服务供给社会就需要进行多人协作，这
就不能没有组织。

但是，能够改变社会的创新与单纯创造出事物的创造不
同。

根据词语的定义，**单纯的新产品或有创意的服务不是创新。
在其经历成形、供给社会，并被大多数人所利用这一流程后才会
被评价为创新。实现创新需要组织的力量。**

在使个人产生的富有创造性的想法成形并推销给消费者时，
组织需要进行各种各样的活动。这就好比是美妙的音乐，要将它
制成CD或在网络上传播，只有向社会提供了这些活动，它才会
成为打动消费者的热卖曲。

创新是指向社会提供新价值从而改变社会。这只有组织能

够完成。这并不是说组织比个体创造者更伟大。换个角度来看，如果个人想要引发创新，那么他就要得心应手地运用组织这一工具。

在组织管理上下功夫未必一定会产生创新，但它却是能够引发创新的最有效的工具。

■ 什么是"创新的困境"

随着核心技术的变迁，组织的形态也要随之改变。同样，产生创新的组织的形态也要因时代与社会环境而改变。哈佛大学教授克莱顿、克里斯坦森曾在《创新者的窘境》中对此有所提及。

创新的困境是指，制造富有创造性的产品、向社会提供服务的优良企业仰仗自身的优越性，只专注于自身的优势却忽视了正在发生改变的市场，当市场彻底改变后，最终以无人问津收场。企业的商品与服务越是富有创造性、革新性就越容易使企业只专注于此，为此投入大量的人力、物力，甚至会使经营者害怕在其他领域进行投入。这样就会导致企业跟不上市场的变化节奏，在发现这一切时却为时已晚。

组织要花费巨大的劳力、心力才能取得创新。这既是为了组织自身，同时更是为了实现向社会提供新价值这一大目标。也就是说，通过组织产生的创新，我们才能享受到更加丰富的生活。

3.以提升"自我充实感"为目标

组织是产生社会价值的工具,这一点我们已经在前面进行了说明。为此,组织内部需要各种人之间的协作。然而,劳动者的逻辑有时也会与组织逻辑产生分歧。

对待一个人的确可以在短时间内像对待一部机器一样,这或许会在追求生产性时带来更高的成果,但却不能长久。从时间进程上看,只有使构成集体的个人获得幸福的组织才会持续拥有较高的生产力。

其原因是,**激励人们工作的最主要的动力是工作本身。这称之为内部动力。**压抑感情与人性的工作是不会令人感觉工作有趣、关心工作或感到工作有价值。因此,单纯将人看做是一部机器的做法会使人的工作质量下降。相反,如果能使员工对工作本身产生兴趣、关心工作,那么员工就会自发地想方设法提高生产力，从而也会轻而易举地产生创造性。

■ 工作与生活保持平衡的重要性

工作对于一个人来说是生活的一部分。在家庭或地区性社会中过上富裕的生活是工作的巨大动力。因此，在组织思考个人幸福时的关键词就是"工作与生活的平衡"。"工作与生活平衡"是指不仅要在工作中感觉到价值感和充实感，而且还要在家庭或生活中拥有充裕的个人时间。这种说法古来有之，最近，内阁府设计了"生活与工作协调宪章"，从而使其备受瞩目。推出这一宪章的原因之一也是希望作为应对低出生率的一环，使女性能够在有利于生产、育儿的职场环境就职。

在考虑工作与生活保持平衡时，大多数时候"生活"都意味着家庭或个人的私人时间。将"生活"这一概念扩展开进行解释，意思就是充实一个人的整个人生。这其中也包含通过工作获得价值感与社会满足感。

在日本，大多数企业采用的是统一录用新人与终身雇佣制度，因此"员工就是家人"的氛围极强。比起家庭生活，很多人一天中的大半时间都是在公司中度过的。作为成人，大半的时间都会与同事在一起，而终身雇佣制度又决定了员工会始终面对相同的面孔。因此，有些人在退休后，当他回到家庭或区域性社会生活时会感觉难以融入其中。

有关统一录用新人与终身雇佣制度会在第2章中进行说明。另外，工作与生活保持平衡是思考今后的组织管理时的重要课题，会在最后一章中重新进行讨论。

■ 社会、组织与个人

人类是社会性动物，自己所属的社会的丰富与个人的幸福相关。进一步说就是，**人类的认知特性中不仅存在利己性，也存在无私性。看见幸福的人自己会感到幸福，看见不幸的人自己也会感到不幸。**

个人如何才能让社会变得更好呢？在考虑这一问题时，利用组织力就是最有效的手段之一。拥有有限理性的人类只有进行有组织的活动才能为社会做出贡献。

公司是指虽然追求盈利，但也要在活动中产生新的价值供给消费者，从而为社会做出贡献的组织。简单明了地说，工作的同时也要使个人产生自我充实感。也可以说，组织就是实现个人自我充实感的场所。

图表5 ◆ 组织与个人的对等关系

"组织为谁而存在？"——我们往往会为此感到迷茫。此时可以回忆下历史。组织是为丰富社会以及人类的生活而诞生的。想到这里，我们就能确定组织是我们利用的工具。

这是组织的本来样子。但在现实的组织中却并非如此。遗憾的是，很多人隶属于原本为了使人幸福的公司，但却反而变得不幸。此时最重要的是向利益相关者提供等价的组织管理知识。

即便学习了组织管理，如果现实中的你没有居于某个高位，那么也无法使公司组织向更好的方向改善。很多人认为不在管理职务上的人即便学习了管理知识也是英雄无用武之地。

但是，即使是对职务与实际组织设计并不相关的人来说，了解公司进行组织设计与管理的意图也是非常重要的。即便没有下属，如果你能从组织管理的角度出发，你就能够理解公司中所设职位与工作的意图，并且明白上级分派的任务。另外，包括跳槽在内，今后你在公司组织中的可选发展方向也会增多。组织管理对于在组织中生活的所有人来说都是一样值得信赖的武器。

我认为，组织与个人是对等的。如同人才一词所示，对于组织而言，个人是为了取得成果而必不可少的资源。同时，对于个人而言，组织可以使其实现工作与生活的平衡，过上幸福的人生。在思考组织管理时，请大家不要忘记这一视点。

第 **2** 章

多样性的组织形态

1.核心技术与组织形态

前面已经说明过，对于人类而言，形成组织进行工作是非常有效的。那么，大体上，组织形态又是怎样决定的呢？

在考虑组织时，为社会带来巨大影响、引起环境变化的技术或发明，也就是核心技术是其重要因素。

产业革命催生的"大组织"

首先，让我们回溯18世纪的历史。以英国为首展开的产业革命非常引人注目。也可以说它是资本主义的起点。产业革命以前的工业或农业中，通常以人力或牛、马等牲畜作为动力或移动手段，人们最多只能利用诸如风车、水车之类的核心技术。在这样的世界中的组织规模也基本是以家族、村庄为单位。组织中的成员也基本都是常年生活在一起的人，数量至多几十人。

然而，瓦特发明了蒸汽机之后，随之而来的工业革命却使其状况为之一变。简洁地说，产业革命使家庭式手工业发展为工厂机械工业，这意味着大规模工厂开始进行大量生产。为实现大量生产需要的是与此前完全不可相比的大量劳动者。为此，如何集合人员、有效地工作开始变得尤为重要。

此前以血缘、地域为主的家庭式手工业大多是人员自发集结而形成的集体。这与产业革命以后出现的大规模工厂截然不同。

由于蒸汽机技术的出现，组织从此由依靠血缘、地域等在村庄、城市乃至国家中自发形成的产物转变为以商业为明确目的打造而成的人工产物。这就是18世纪中期~19世纪发生的有关组织形态的模式转换。而且，成为这一模式转换的原动力的就是伴随蒸汽机发展起来的工业机器、交通工具等核心技术的发展。支撑社会的重要技术称之为核心技术，每个时代的核心技术都在发生变化。伴随这一变化，组织形态也会发生巨大的改变。

这一潮流也同样进入了日本。日本为了富国强兵而兴建了大规模工厂。大量女性在福冈纺纱厂中工作，为使她们能够按照计划进行工作，组织是必不可少的。

在现代，员工成百上千的公司组织比比皆是，但在当时那一历史时期却具有划时代性。因瓦特的蒸汽机的出现而产生的制造厂就是公司组织的原形之一。

以产业革命为契机出现了组织这一大规模的人工产物。那么，如何打造组织并进行管理呢？这当然无人知晓。工厂主对刚刚开发的纺织机进行调试后就将其投入车间，然后雇佣数百员工开始工作。

令他们感到烦恼的不是技术问题，而是如何调配、利用人员。**他们会反复进行先用人、用人失败、改善、再失败这一过程，并在此过程中逐渐进行学习，从而积累了运作大规模组织的管理技巧。**组织管理这一学问就是这样逐渐发展起来的（顺带一提，据说商务技能学校也是为传授工厂技术人员解决问题的方法而形成的）。

■ 服务中也有核心技术

我们以产业革命为例，说明了核心技术会改变组织形态。然而，组织管理中的核心技术并不只是如同蒸汽机、IT技术一样的科学或工学技术。那不过是狭义的核心技术。

广义的核心技术是指，产生附加价值的技术与机能。从这一层面来说，"学校"、"经营顾问"都能各自进行创新。为了能够有效地利用这一核心技术，需要对组织进行设计。

换言之，核心技术决定组织就是指 **"为适应商业模式的改变，组织形态也会发生变化"**。

■ 向惠普学习

新的核心技术的出现要求组织构造也要为其发生改变。但并非所有组织都在这一点上取得了成功。**大多数企业反而注意不到核心技术的变化。**

惠普公司原本是一家生产飞机计测仪器的厂家，1939年诞生于美国。这家公司拥有非常优秀的技术，其不计成本精良制作出的商品获得了极高的评价，使其在军工产业方面的销售额增加并取得了成长。公司的转折点出现在70年代~80年代的计算机出现之时。根据当时惠普公司CEO的判断，公司要进军计算机领域。在这一点上，应该说该公司远见卓识。然而惠普公司的问题却是组织无法跟随这一脚步。

计算机、尤其是成为时代主流的个人计算机产业界的主要目标是个人消费者。当然，随着所需商品在方向性上的改变，生产方法也会随之改变。公司的销售方式变为通过零售店经销，这种小额度的交易也与大手笔的军事产业完全不同。虽然仍是同一个精密器械生产厂，但是却要从商品开发到销售、售后服务等商业方式，也就是核心技术上发生巨大的改变。当然，与此相适应的组织也必须要发生变化。然而，惠普公司并没有对此采取措施。其结果导致公司业绩不振，在90年代初陷入严重的业绩低谷。也正是从那时起，公司开始逐渐复苏，成为了世界上规模最大的IT机械生产厂家。但惠普公司也曾有过严峻的寒冬期。

Q&A

——当今出现的最大的核心技术变化是什么？

应该说是以互联网为中心的ICT。ICT会给组织带来巨大影响。

对于组织构造来说，ICT带来的最大影响就是沟通交流成本的急速下降。以前在职场上需要传阅文件，或者向其他人口头传达会议内容。现在使用邮件就能让远在千里之外的下属也能瞬间掌握情报。上司可以对团队进行日程管理或分享情报，只要将文件上传到服务器，所有人都能在瞬间进行阅览。如果没有ICT，对于经理来说，对数十人的团队进行日程管理和工作状况管理是相当沉重的负担。现在，组织设计、管理方法等都发生了巨大的变化。跟不上这种变化的公司就会被时代淘汰。

再进一步来说，ICT的进步不仅使一个组织的内部形态发生了变化，而是产生了网络组织这一新形态。自由工作者能在全球化规模下进行协作，这使游牧上班族（nomad worker）一词成为了关键词并产生了前所未有的组织形态。有关网络组织会在第8章中进行详细论述。

2.组织与企业战略

■ 什么是企业战略？

日本型组织与欧美型组织有着诸多不同点，但他们最大的不同则在于对战略的思考方式。以下运用经典实例做一大略说明。

欧美型组织会首先决定什么是公司能做或不能做的事情，然后再进行人才录用。企业先决定"要做这件事"的战略，然后再为了实现此战略而决定所需人才要具有怎样的技能、经验或个人经历等小方面，然后就会在公司内外寻找满足这些条件的人才。

日本型组织是统一录用新人，然后逐渐培养他们，使他们成长，然后再在其中挑选适合的人才担任适合的岗位。也就是说，首先吸收人才，然后在人才成长后再安排工作。

概括地说，欧美型组织是录用人才，日本型组织则是对已有人才进行分配。在人才录用上，两者之间的出发点本就不同。

日本型组织并非没有战略。但其意义却与欧美型组织不同。

日本型组织大多会采用基层提交的战略。这被称之为自下而上型战略。而欧美型组织选用的自上而下型战略，则由经营者做出明确的战略后再由下属实施。

自下而上型很容易制定出各部门的短期战略，但却无法定位5年或10年后的公司整体战略。这是它与自上而下型的最大区别。

战略基本上都是指中长期计划。用其他方式表现的话，也可以说它是决定组织成员方向性的蓝图。因此这其中必然带有有高层领导的强烈思想。但在日本型组织中，不得不说这一蓝图略显无足轻重。当然，日本的高层领导也会有自己描绘的蓝图，但他们几乎还是会以中层提交的战略为优先。

日本型组织会听取高层领导的想法，然后由中层思考具体战略，这是其特征。从这一点上来说，日本企业能够跻身世界企业组织并成长至今的原因之一就是中层力量坚实。

实际上，人们会感到很多日本经营者不谈战略。日本型组织大多会思考如何委派现有人员或者培养人才。因此较难做出逻辑的判断。无法明确地说无战略方针与统一录用新人方针哪个才是原因或结果，只能说正是因为这些因素相互影响才造就了日本型组织的形态。

■ 日本型组织不善言辞

日本型组织中的经营者不善于将已定战略书写出来。这或许是受到了日本人基本不习惯将自己的想法转化为语言进行说明这一文化背景的影响。

与日本型组织相比，欧美型组织对于结论的说明更加明确，在利用语言对事物进行解说时更加清晰。

图表6 ◆ 欧美型与日本型战略的差异

欧美型战略……经营者决定战略，直至基层依次贯彻执行

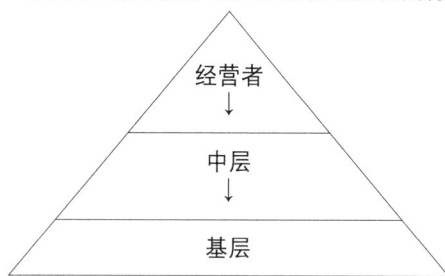

日本型战略……中层向领导者递交提案，并在获得认可后进行全面实施

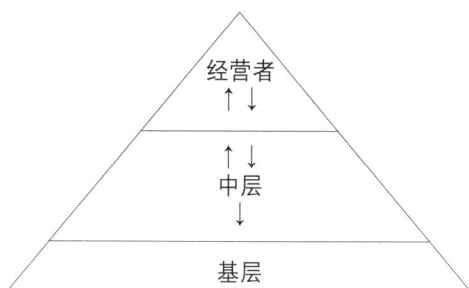

　　人们往往说日本型组织没有战略。这样说是因为在中层对
提案进行加工时，已经对组织状况、用户等进行充分的了解。当
经营者下达例行公事的指示时，组织中的成员几乎已完全了解了

指示内容。也就是说，日本型战略是在日常业务中逐渐形成的战略。这也称之为突生战略。

■ 日本型组织不善言辞

日本型组织中的经营者不善于战略决策。这或许是受到了日本人不习惯将自己的想法转化为语言进行说明这一文化背景的影响。

与日本型组织相比，欧美型组织对于结论的说明更加明确，在利用语言对事物进行解说时更加清晰。

也有人说日本人原本就没有用语言进行说明的习惯。这和他们推延得出最终结论，不重视战略的明朗化与具体性有关。问题的根源也在于日本人没有接受过将自己的想法转化为语言的教育。日本的语文课上虽然有作文课，但却没有时间进行演讲，同样也没有展开过辩论。即便有人要TA将头脑里的东西用语言明确地整理出来，TA也会因为不知如何是好而感到烦恼。日本自古讲求"心有灵犀""以心传心"，因此普遍认为没必要对此进行语言训练。

相反，日本人很善于在框架中填补空白、解决问题。这就像不利用自己的头脑而是借用他人的头脑进行思考一样，具有很大的风险性。例如，如果你没有自己制作框架的能力，那么在实际上来说，你就无法用自身的语言来表现自己的想法。

欧美与日本不同，为什么他们善于语言表达呢？这是由于欧美社会与公司都是具有多样性文化为背景的人的集合，一种语言会带有多重含义。正因为以多样性文化为背景的人共同生活在一起，才需要将自己的想法彻底变为语言并使之共享，这样才能形成一个社会。

■ "内向型组织"与"外向型组织"

日本型组织中，大多数在基层工作的人都有自己的工作目标或使命感，但在很多领导干部中，当被问到"你在这一职位要做什么"时，明显能够发现很多人并没有目标性。有人或许并没有将取得这一职位要做什么作为目标，而是将取得这一职位（职务）本身作为了目标。职位原本是出于工作目的考虑而进行划分的，但有时人们却往往本末倒置。

在欧美型组织中，当你问某个领导干部"这一职位要做什么"时，他们几乎都有明确的使命感，并且能够用具体语言进行说明。他们知道职位是为了实现理性目标存在的，要在平日多对此加以证明。

Q&A

——欧美型组织与日本型组织的差异源于何处？

原因很多，主要与终身雇佣制有关。日本型组织中采用终身雇佣制，基本上员工一生都会在这家企业中工作，因此他们的目光自然不会向外看，故而才会更加看中自己在公司内的位置。在欧美型组织中，很少会有人只有在一家企业中工作过的经验，因此他们会更加专注于寻找适合自己的工作，如果没有这种目标意识，就很难获得好的职业机会。

3.组织文化

■ 什么是组织文化

虽然在程度上有强弱之分，但是组织也具有文化。可以说组织文化是对组织成员的思考方式、行动等产生影响的共同规则。日本型组织中对此基本没有明确规定，有时打破这种规则也会威胁到组织成员的地位。

具有强烈的组织文化的优点就是能够降低沟通交流成本。组织成员基本上拥有相同的价值观，他们不仅共同开展业务，平时的午餐也会在一起，这样能够进行更多的信息交换，一旦出现某些情况时，沟通就会变得尤其顺畅。在这种非正式场合的情报交流中，能够轻松地对无法在公开的正式会议上提出的议题进行讨论。

图表7 ◆ 决定组织管理的"组织文化"

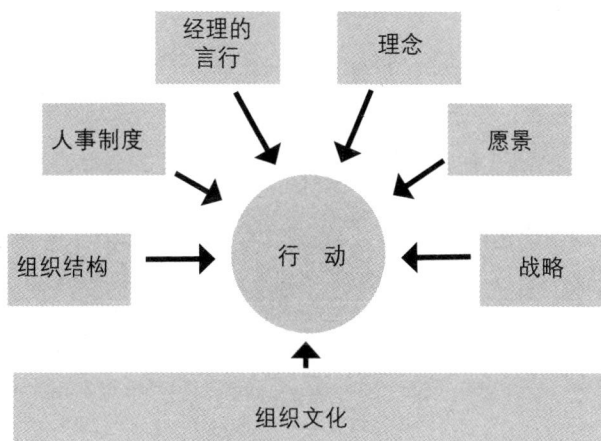

组织成员的活动会受到诸多方面的影响。成员们会受到语言、他人或是制度的影响，但带给她们最大影响的则是组织所共享的潜规则——文化。

　　在组织文化弱的公司中，由于没有使每个人的单一构思、想法得以充分共享，因此每次都需要对它们进行逐个的详细说明才能统一意见。当然，这样也会消耗成本。

　　尽管如此，组织文化过于强烈也会导致丧失多样性，使创意难以产生，这是必须要注意的。另外，**组织文化强的公司也容易**

使其眼界狭隘。例如，大多企业出现丑闻的原因之一就是因为其组织文化过强。

■ 组织文化的产生方法

欧美型组织也具有组织文化，但它大多为是作为公司原则而明确规定出来的。例如，"3点是下午茶时间，要为大家备好点心、茶水，让大家进行交流"。他们采用这样的做法使组织文化成为规则。日本型组织的普遍做法是，不将组织文化制定成规则，而是在吸烟室、公司食堂等地进行自然的交流。虽然这两种做法的功能一样，但它们的设计思想却不同。

在创建组织文化时，很难马上断定像日本型组织一样自然形成组织文化的方式好，还是像欧美型组织一样将组织文化变成规则明示出来更好。

例如，在某个日本企业中，科室成员共进午餐已经变成了习惯。如果有人说"我们用不着这样做。大家分别吃午餐吧"，那么此前沟通交流活跃、时常交换创意的科室就可能会突然变得死气沉沉。由于日本型组织中的成员并没有带着明确的目的意识去进行沟通交流，因此他们也有可能会因为某些缘由而失去交流的机会。但在发挥作用方面来说，由于没有规则存在，因此这种自发性更加有利于发挥。

与此相反，将"一起吃午餐"作为明文规定的欧美型组织的企业十分清楚，如果不在午餐时间进行交流，那就会很难使成员们提出意见或想法。因此企业才会将共进午餐变为明文规定。但假设成员中有人不希望这样做，那么就考虑尝试运用新的沟通手段。

无论与哪种组织类型接近，身为经理都要具有有强烈的目的意识与自觉性，并在此基础上为成员们设计出能够进行沟通交流的场所。如果成员们不能共进午餐，就要假设其影响程度，并思考能够起到这一作用的其他方法，这也是经理的重要工作之一。

组织文化的打造方法并不只有一起用餐一种形式。例如，像松下公司一样早上8点半召开早会，集体做体操、唱社歌、背社训的企业都是在对组织文化进行强化。

很多人可能会觉得这样的例子都是偏属于日本型组织的做法，实际上在明文规定这一点上来看，它更接近于欧美型组织的设计思想。实际上，海外的很多企业也都在这样做。

我们再来举一个例子。亚马逊公司中有一条绝对要遵守的明文规定——"领导力原则"。即便是其创始人杰夫·贝佐斯如果违反了原则也会遭到周遭的批评。这一原则不会因人而异，而是使所有人都要按照明文规定的原则进行行动。

人类是善变的动物，因此为了不让经营者因为当前的判断而走错方向，将组织文化变成明文规定确定下来十分重要。而且一旦将规则以语言的形式变成明确指示，即便是社长也必须要遵守。专业术语中将其称之为"外在化"。

但是，在日本型组织中，既要注重保留一定程度模糊，又要在此基础上明确化，因此很难彻底执行，它往往会因人而异。

在公司的基本方针、信条等明文规定的制作方法上，欧美型组织与日本型组织也有着极大的不同。**欧美型组织在制作方法上力求将想法与科学性进行整合。**他们会利用科学见解、人类行动原理与认知特性，并在与专家进行讨论后决定制作方法。

无论从哪方面看，日本型组织的做法都不具有科学性，它更像是完全依靠创业者的热切希望、理念等制作而成的公司基本方针。充满创业者的热切希望能够使人感受到能量，这一点虽然有着很大的意义，但如果它不能与科学性的行动结合并做出设计，那么就很容易出现"我认为这种做法正确"的个人经验主义。

4. 今后的组织的方向性

■ 日本型组织与欧美型组织的比较

在经营环境发生急剧变化的时代所需的是迅速而有力的领导者。可以说这对欧美型组织而言或许十分有利。

然而，这并非断言它完全处于优势。以汽车生产厂家为例。丰田是日本企业，但它同样具有高水平的战略性，并在进军全世界后取得了一定的成果。另一方面，如法拉利一样的汽车厂家的存在与其说是适应了环境变化，不如说它们是因为变得更加专业化才得以生存下来。无法简单地总结说选择哪种方式更好。

或许，考虑到组织所处状况、目的，只有介于日本型组织与欧美型组织两者间的中间型组织才是最好的选择。也就是说，为了技术传承而录用新人，同时在战略所需的各种人才又会采用中途录用这一手段。

但是，现实中能够使两者得以协调发展的企业凤毛麟角。其中的原因之一就是企业不是以"整体平衡"为视点思考问题，而是从短期/局部最优上去思考问题。

■ 对于个人而言的日本型组织

我们此前已经就日本型组织与欧美型组织的典型性特点进行了叙述。但大多选取的都是经营方面的视点。那么，从构成组织成员的个人角度来看又是如何呢？

日本型组织的统一录用新人与终身雇佣制度在一定程度上为社会人提供了稳定的生活保障，这一点非常具有吸引力。如果一个人在毕业时通过努力，或者因为运气好而进入了好的企业，那就预示着一生无忧。

然而，实际上，日本企业也开始逐渐粉碎大家对于这种日本型组织的幻想。很多企业组织进行了结构调整，它们虽然没有马上解雇员工，但很多企业都制定了对提前退休人员给予养老金补贴的制度。虽然没有直接对员工说"因为你的业绩不好，所以要解雇你"，但提前退休补贴制度等确实间接地促使员工离职。

在这一点上，欧美型组织提倡的是实力主义，因此跳槽极为普遍。虽然企业也会进行结构调整，但由于员工并不只局限在同一家公司就业，因此结构调整也可以说是员工重新积累新的职场经验的巨大机会。

然而，日本的中途录用市场本身还不健全，与欧美相比很难实现中途录用。即便日本国内的欧美型组织企业正在增加，它还是会与日本劳动市场的流动性失调。

第**3**章

在组织中工作

1. 人事制度

什么是在组织中工作？这里接续第2章，在对日本型组织与欧美型组织这两极的比较中进行解说。

运作公司组织时，人事制度必不可少。公司的人事系统大致划分为以下4个分支系统。

（1）招聘、分配系统：聘用哪些人，聘用的人员要做什么工作

（2）评价系统：对成员的能力、成果等做出怎样的评价

（3）报酬系统：根据评价对成员给出怎样的薪水或待遇

（4）能力开发系统：如何教育成员，开发其能力

图表8 ◆ 人事制度的影响

战略	人事制度	改变个人的行为	达成组织目标

战略确立后就要为执行战略建立人事制度。人事制度中要确定组织期待成员会有怎样的行动，并且对采取了理想行动的人进行怎样的评价。个人为了与人事制度的目的相符就会改变自己的行为。其结果就是使组织目标得以达成。

人事制度的目的是促进企业整体目标与战略的实施。为此也要制定好为实现这一事业战略需要录用、分配怎样的人才、对何种人才予以高度评价等诸如此类的人力资源管理方向。这也被称之为人事战略。另外，为了实行人事战略所需要的能力与经验称之为人才要素。

企业要清楚自己的目的与战略，并对此进行合乎目的的组织设计。日本企业现在正经历着激烈的环境变化，因此人事制度在人员分配、评价、待遇等方面上也要力求变化。

本章中会对人事制度的基础进行解说。

■ 招聘

2种人才录用方法

在人才进入企业这一组织中时，与之最先相关的就是"招聘"，这在前一章中也略有接触。在对企业中的组织管理进行具体解说时，首先要从充当组织入口的"招聘"开始进行思考。

企业招聘人才时大致分为2种方法。

一种是每年4月对大学或高中毕业生，也就是所谓的新人进行统一招聘，通常将此称之为"统一招聘新人"。

另一种是不限年龄与经验，只在必要时期招募到所需的必要人数的方法。这"在日本"被称之为"中途招聘"。加上"在日本"字样是因为这种录取方法在欧美非常普遍，他们不说"中途录用"，而是直接说"录用"。为了便于区分，本书中称为"中途招聘。"

统一招聘新人与中途招聘不仅在新社员进入公司的方法上有所不同，也和企业的形态、价值观等有着联系。当然，这也会对组织管理方法产生巨大的影响。

对于组织而言，统一招聘新人与中途招聘有着怎样的意义？首先我们就此进行解说。

统一招聘新人与终身雇佣

统一招聘新人是日本的多数企业，尤其是大多数大型企业所实施的极为常见的招聘方法。在日本人看来理所应当的统一招聘新人制度在全世界来看其实是一种极为特殊的招聘方法。在欧美各国企业中，被日本视为中途招聘的方法极为常见，他们不会以一年为时限大量招聘毕业生。

近来，在日本企业中也普遍开始出现跳槽现象，中途招聘的人数也在增多，但这依然称不上是大多数。大多数公司职员依然还是经历着作为新人被招聘后一直在同一企业工作至退休的过程。而企业并没有将中途招聘变为常态，所以辞职跳槽的人自然也不多。也就是说，**统一招聘新人与终身雇佣制度是表里一体的。**

这里也可以将统一招聘新人与终身雇佣制度配套的公司组织称之为"日本型组织"。

日本型组织产生的原因包含了很多要素，其中之一就是历史背景。日本普及统一招聘新人与终身雇佣制度在二战后，不过50~60年而已。当时由于战争造成的劳动力稀少与经济高度成长使高中或大学毕业的学生成为了重要的人才资源。为此，这成为了企业将其与终身雇佣制度配套的一个契机。

但是，实施统一招聘新人的主要是大企业。中小企业很难招募到毕业生。这也是日本特有的失调现象。

统一招聘新人的基本想法

以有经验者为主的中途招聘是以此人的实际业绩与其所具有的技能为录用时的判断基准。企业会挑选具有所需人才要素的人。

与此相比，统一招聘新人则是从毫无社会经验的学生中选拔人才，因此无法通过此人的工作能力或以往的业绩来对其进行判断。要对此人的未来成长性，亦即是对其潜在能力进行判定。也可以说这是一种潜在性录用。

此时，能够代替学生的潜在能力而进行测定的变数就是学习能力，其结果导致日本成为了学历社会。

统一招聘新人的两面性

统一招聘新人有很多好处。整理如下：

·提高忠诚度

录用没有社会经验的人能够使其轻易接受自己公司的价值观、理念、文化。

轻易接受价值观的最大好处是即便没有明文规定，员工们也会努力工作。这称之为"心理性契约"，它非常强而有力。企业不可能总是一帆风顺。如果心理契约性强，那么无论遇到何种困境，成员们都能努力工作。也就是它可以提高公司职员的忠诚度。

心理性契约与书面劳动合同截然不同。经营者既要以心理性契约为前提为员工提供工作，同时还要坚持雇佣。曾经有家机器制造厂在经济不景气时为了坚持雇佣员工而生产、销售牛轧糖。对于企业来说，公司职员的较高忠诚度会变为巨大的力量。

·抑制初期费用

统一招聘新人与终身雇佣制度配套，可以在培养高忠诚度人才的同时以相对低廉的成本确保劳动力。

告诉年轻职员终身雇佣，对方就会理解成"在这里工作几十年后就能过上好日子"，这就是在与对方结成隐晦的潜在契约。在日本的传统企业中，年轻职员要承受大量工作，同时也要忍受与之完全不匹配的低廉薪水。这可以说是日本式的"薪水后期支付体系"，由此，企业也能得以控制人事费用。

·保留技术

这也是终身雇佣制度附带的好处，同一员工不会辞职，并会长期持续地工作，这就能使技术得以保留在自己公司。例如，公司可以对年轻职员进行技术传承，即便是祖传绝技也可以传承。

与此相反，统一招聘新人也有缺点。缺点就是有可能会使员工适应环境变化的能力下降。

持续做同一份事业，如果公司能够成长，那么同一个职员只要继续做相同的事情就好。但如果环境发生变化，那么公司就会改变工作方法，或者需要开展新事业。当想要在公司内找寻所需的必要技术、知识时，你会发现无论如何也没有适合的人才。当必须要在新环境中作战，并且需要新技术或商业模式时，公司大都很难在现有员工中找到适合的人才。

要打破这种状况就需要从公司外部录用人才，这就出现了中途招聘。

这一背景就是中途录用能在IT产业等变化激烈的业界里得以展开的原因之一。

■ 中途招聘与欧美型组织

中途招聘是欧美企业中普遍利用的招聘方法。在欧美，公司在需要的时期招聘有经验的人是很平常的事，因此没有"中途招聘"这一说法。

中途招聘与应聘上岗制度配套。应聘上岗是指，在开始新的项目或事业时，或者在某一职位出现空缺时，首先让公司内属意这一工作的人员进行报名的制度。在公司需要新人才时，需要在明确其要素后再进行应聘上岗，人才可以从公司内部进行招揽，但如果没有适合的人员时就可以招聘外部人员。当公司内拥有了具备所需能力与经验的人才后就不会再去区分人才是来自外部还是内部。

这种利用中途招聘或者应聘上岗而形成的组织，在这里也可以称之为"欧美型组织"。

■ 中途招聘的招聘基准

中途招聘与统一招聘新人不同，所需人才要素清晰，招聘标准就是选择拥有满足这一要素的业绩与能力的人才。为此，在招聘时，公司不会考察人才的潜在能力等不可捉摸的一面，而是注重书写在履历上的人才的经历与实际业绩，实际写在书面的内容才能尽可能看清一个人所拥有的真正的能力。而且还要考虑这一人才未来想做的事是否与公司方针相匹配。

现在，这种看清人才的方法有了极大的进步。例如，"人事处理指标"测定的就是能与对方在多大程度上产生共鸣、是否能够站在对方的立场上进行思考。全世界范围内都在对类似的指标进行研究，它的稳妥性已经得以确定。在招聘人员或人员晋升时就会用到这种专业手段。

尤其是在利用中途招聘聘请经理级人才时更会不遗余力地花费时间与成本去进行选拔。同时，在利用中途招聘选取经理级别以下职位的人才时也要颇下功夫。也有人断定，当工作内容相对标准化时，即便不用花费太多时间也很容易找到满足要素的人才。

■ 欧美型组织的优缺点

图表9 ◆ 日本型与欧美型人事制度的差异

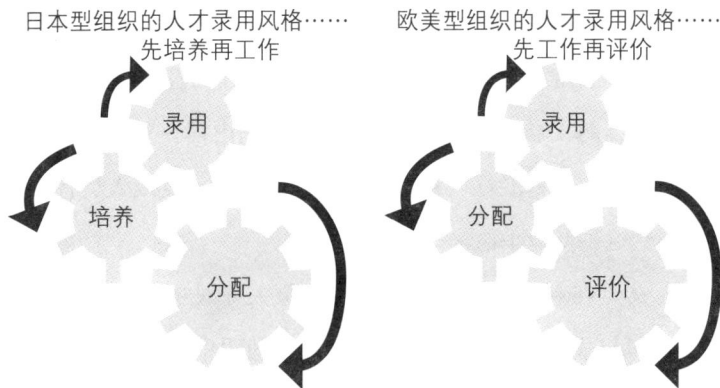

日本型组织的人才录用风格……
先培养再工作

欧美型组织的人才录用风格……
先工作再评价

录用

培养

分配

录用

分配

评价

日本型与欧美型的显著的不同点在于期待所录用的人才取得成果的时期。日本型是在经过培养期之后期望员工能够独当一面，而欧美型则是首先工作，在对其成果评价后，对其是否符合期望进行判断，在与期望值不符时也会终止雇佣合同。

　　欧美型组织最大的优点就是在环境产生变化，需要新技术或知识时能够从公司外部调配人才。日本型企业历来不以中途招聘作为通常做法，但是在中小企业或风投企业、IT等企业中如果不用这种手段确保人才，那很快就会因时代的改变而被淘汰。

　　缺点是，从长远来看，难以进行技术开发。技术基本不会由组织携带，而是由个人携带。与以终身雇佣制度为基础的日本型组织不同，欧美型组织中的人才流动性非常大，因此它的风险是无法积攒差异化技术开发知识。

另外，假如是一家上市公司，那么它也有可能会采用只在短期获得财富的战略。它的表现是选择"采用能为持股人快速获得分红的吸金战略"。尤其是在美国，持股人压力非常大，因此公司往往会偏重选择能够在短期内获得成果的战略而非长期战略。

Q&A

——在公司组织形态中，只有日本型组织与欧美型组织这两种类型吗？

到此我们已经将具有日本型组织特征与欧美型组织特征的组织作为典型事例进行了再定义与说明。但这是我们承接前章内容所进行的介绍。并不能说所有公司都只能分成"日本型组织"或"欧美型组织"。最终而言它们就像是光谱上的两极，但实际上大多数公司组织中都是具有日本型组织与欧美型组织特征的混合组织，只是两者的比重各不相同。

——分析典型事例对分析混合型组织有什么意义？

首先要先理解日本型组织与欧美型组织的性质，然后才能去分析、思考自己所处的组织偏向于哪一类型，这才能让你对你所处的组织的性质进行分析。根据日本型组织与欧美型组织这两极的特点，认清它们在混合型组织中的占比是判断企业组织性质的重要标准。

■ 人员分配

当个人进入组织时，与录用相关的人事制度就是人员分配。与录用一样，在日本型组织与欧美型组织中，两者的人员的分配上也存在巨大的差异。

在组织决定员工的分配时，日本型组织基本是根据公司的意向与计划作出安排。

例如，日本型组织会因为"他是部长候选人，所以必须要了解工厂，这次就派他去工厂"。也就是根据公司的意向决定人员分配。这一人事上的基本思想是源自"如何长期培养员工"这一构想。

与此相反，欧美型组织普遍采用让员工挑选岗位任职的做法。利用"应聘上岗"制度可以公开向员工进行招聘，在告诉大家"这次我们要做这样的事业，这里有个岗位空缺，想做的人可以举手报名"后就能按照举手的先后顺序对人员进行分配。当然，欧美型组织中也存在根据公司情况进行人员配置的案例，但主要还是根据职位分配人员。可以说这一做法与日本型组织的做法形成了对比。

产生这一差异的根本原因是两者对于员工学习上的认知不同。

日本型组织通过职位变动让员工学习、积累各种经验，意图使其综合实力获得提升。也可说是公司想要承担培养新人的责任。

而欧美型组织是以员工自学所需技能为前提。公司只会根据战略招聘想要的人才，如果公司内部没有适合的人才，那就对外录用。此时在聘用上虽然也存在内部员工与外部人员的优先问题，但基本上都是谁能做好就聘请谁。因此，欧美型组织并没有较强的通过人员分配来培养员工的强烈意识。

这对此后的能力开发系统也会产生影响。

应聘上岗的优点

前面已经说过，欧美型组织基本上都采用应聘上岗的形式。它与员工直属上司的意愿无关，员工可以按照自己的意愿对想要的岗位进行申请。员工的原岗位工作自然不能马上单方面置之不理，但在其工作暂告一段落后，是否换岗则由本人决定。

由于应聘上岗而产生员工短缺的部门需要从其他部门或者公司外部录用人员。可以说这是极为合理且有效率的人事制度。

在一部分日本企业中也正在采用应聘上岗制。例如，在突然出现新事业时，由于公司内部并没有担任过此事业的员工，因此会不拘一格招募身边的人才。这样新事业的发展速度就会更快。

在过去的日本文化中，这种出于自己的意愿而调职去其他部门的做法并不令人满意，但现在这种意识却在逐渐薄弱。尤其是上市企业，股票持有者的压力巨大，如果凭借人情等感情论决定人事制度，那就有可能会被即刻打上玩忽职守的烙印。

应聘上岗对于个人和组织都有好处。

对于员工而言，应聘上岗的好处是，员工能够接受对其工作

结果进行的评价。**主动举手应聘的人要比按照公司指示分配的人更加容易接受公司通过成果对其进行的评价。**因为是自己主动要做的，所以当被告知"你的工作评价是B"时也会顺利地接受这一评价。可以说欧美型组织中采用了容易与成果主义相融合的制度。

与此相对，如日本型组织的公司一样，根据公司指示分配的人员很难单纯以成果来对其进行评价。而公司也往往会以年功序列为基础对员工进行评价。例如，"他为公司工作很多年了，就这样评价吧""虽然他工作至今只获得了一个成果，但一定有所学"。

对于组织而言，应聘上岗的好处是，可在需要时确保拥有具备所需技能的人才，因此在战略上提高了时效性。它非常适合要求目的合理、追求时效性的工作。

应聘上岗的缺点

应聘上岗制自然也有缺点。

应聘上岗需要经理将各种职位所对应的工作都用准确的语言表达出来。无论是从公司内外调配人才都必须要给所需工作进行严密的定义，如果此处模糊不清，应聘上岗就将难以成立。

日本企业中的职位记述书并不明确，责任范围也暧昧不明。也就是说，每个职位都没有对职责（结果责任）、作用等进行明确的规定，所以要对某一职位所需的知识、经验等进行定义就十分困难。为此，日本型组织无法适应应聘上岗。

为应聘上岗而将工作内容语言化的操作能够使经理的技能得到提升。经理要明确思考"聘用他会有什么意义，他会提高什么业绩，有什么经验，所以这个工作可以交给他"，而不是"他已经工作10年了，是该让他做那个工作了"。对于经理来说，用语言来表述工作职位是非常重要的工作。

应聘上岗在没有人才时就会处于困境。这也是它最大的缺点。无论多么需要人才，如果没有找到条件相符的人也无济于事。有时这也会迫使公司改变战略。

对外录用人才时，成本是个大问题。高精尖人才始终是稀缺资源，因此他们的薪水也会提高。

另外，应聘上岗在战略上具有较高的及时实效性与目的合理性，这在此前业已述明。但有时这也反而会成为组织的弱点。正因为目的合理性高，所以一切战略都是在以"他担任此工作"的基础上进行的详细策划，**一旦失去这一关键人物，整个商业都可能会崩盘。**缜密的计划意味着只要缺少一块拼图，它就有可能会像倒塌的积木一般四分五裂。

■　评价·待遇

评价

　　组织中的评价标准要具有很多要素。成果评价自不必说，其中还有诸如"是否和大家好好相处""是否发挥了团队精神"等被称之为情意评价，这也是标准之一。可以将这些要素进行分级，例如进行5级评价使之落实为评价标准。

　　重视这些要素中的哪个要素不可一概而论，这因组织而不同。为将其简化，在此，我们说欧美型组织是重视成果的成果主义，日本型组织是重视成果以外要素的年功序列主义。

　　欧美型组织的典型性评价方法是将评价完全用数值表现出来。这是因为在欧美，评价的公平性、明了性与评价方的说明责任（accountability）都十分重要。员工不会接受评价标准模糊不清的评价。不能依靠"感觉与经验"，只有用数字才能使评价明确，双方才能达成一致。

　　另外，职务记述越清晰也就越容易提高工作成果。这一点与欧美型组织相适应。

　　相反，很多日本型组织不以数值化成果进行评价，而是以"心有灵犀"的暧昧态度来进行评价。这种评价方法也有好处。

对于一件原本就不可能的事，如果像欧美型组织一样将一切数字化后进行过分的系统评价，也有可能会使本人感到难以接受。如果使用日本式的暧昧评价方法，即便获得的评价不高，也可以用"这是因为上司心情不好"作为借口获得精神上的安慰。

而且，在产品竞争激烈的公司开发部有时也不适合使用欧美型成果主义。有时新制品开发失败是无可奈何的事，单纯以"开发的新商品还没有获得好成果，所以给予差评"，这样得出的评价也有些不合情理。

因此，并不是说只能用某一种评价标准，而是要视业务状况使双方得以平衡，这样的视点才是最重要的。

待遇

日本型组织的特征是重视职位本身，这在前面已经提到过。这是因为职位是员工对于公司贡献度的证明，即便在社会上，职务大小也极受重视。为此，过去也曾有大量公司里接连出现过没有部下的部长。

与此相比，欧美型组织不会像日本型组织一样单纯地拘泥于职位高低。老板就做老板的事，部下就做部下的事，在每个人的工作只是分工不同的认知下，没有人会觉得老板要比员工了不起。

　　以足球为喻，世界级球星梅西能够得到比教练更好的报酬。虽然在职位上是上下关系，但这和报酬的高低并没有关系。日本国内厂家伊那食品工业也曾经有过那样一段时间。由于员工利用琼脂制成的商品大卖，因此员工获得了比社长还高的工资。这也可以说是接近欧美型企业的做法。

图表11 ◆ 人事评价的目的

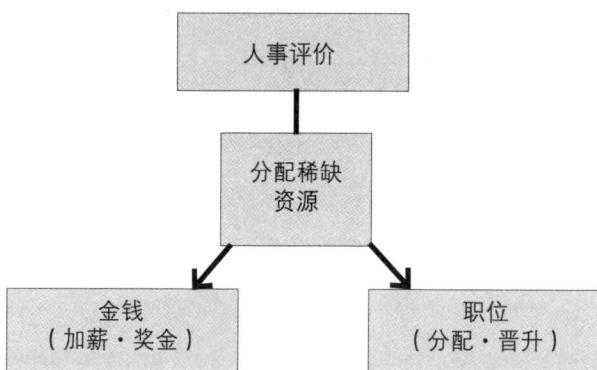

```
          ┌──────────────┐
          │    人事评价    │
          └──────────────┘
                  │
          ┌──────────────┐
          │  分配稀缺      │
          │  资源          │
          └──────────────┘
           ↙            ↘
┌──────────────┐   ┌──────────────┐
│    金钱        │   │    职位        │
│ (加薪・奖金)   │   │ (分配・晋升)   │
└──────────────┘   └──────────────┘
```

人事评价的基本目的是将组织中的稀缺资源进行分配。稀缺资源是指金钱和职位，公司不会无限度地提供金钱与职位，因此需要公平的分配标准。而且，评价标准一般是员工在战略实行时所做出的贡献。

在欧美型组织中，员工重视的是通过薪水等具体待遇看出自己获得了怎样的评价。员工不仅会对薪水与自由时间，还会对"我在这里能做什么工作""我会获得什么权利""我能使用哪里的停车场""我能利用自助餐厅吗"等具体内容与公司进行全面交涉。

而且，他们还会将加薪或晋升当作是报酬之一。员工会将公司委派自己负责责任重大的工作当成是给自己的一种报酬，而且在大多数时候，他的薪水也会随之上涨。

组织成员要对组织做贡献。与此相对，组织要为成员提供职位与薪水。组织要在这一平衡状态下才能运作，这是切斯特·巴纳德的古典思想。反之，无论你做了多少工作，如果那与组织的目的不一致也不会获得回报。巴纳德将之称为"贡献"与"诱因"。

■ 能力开发体系

经验学习与观察学习

在人事制度下属的4个体系中，能力开发系统是最后一个。普通企业都有培训等教育系统，但如果想要成为一个商务人士，单凭这些还不够。在组织的常规化教育制度的基础上必须要自学如何工作。自学的方法多种多样，但在掌握工作时所使用的学习方法中，尤为重要的是经验学习与观察学习2种方法。

经验学习是指，从自己实际经历的事情中推测因果关系，以此为基础应对其他情境的做法。经验学习要在实际工作中每个人有意识地在不断的实践与错误中进行学习。

观察学习是指，即使自己没有直接经验也能通过观察他人的实例来推测因果关系，以此应对其他情境的做法。观察公司中优秀的上司或前辈的做法，通过榜样来进行学习。

在观察学习中，找到可模仿的对象非常重要，这是一种只有在自己找到了榜样后才能进行学习的思想。需要我们去观察榜样"怎么做才会取得好成果"。

无论是经验学习还是观察学习，任何公司都很少将它们具体用在为员工的能力开发而进行的研修中。最多是在公司中出现优秀的人才时，领导会说上一句"要向他学习"，这就是算是在为员工进行方法推荐。

基本上，**经验学习与观察学习都是非正式的，需要个人自发进行**。为此，可谓"说起来容易，做起来难"，有人善于进行经验学习与观察学习，而有人却做不到。这样就会使他们在后面要提到的职业经验的开展上产生差异。

导师制度

前面已经提到，经验学习与观察学习基本都是个人的自发行为，但也有企业将其采用为能力开发制度。其中的代表性方法就是打造拥有正式学习对象的导师制度。

实行导师制度能让经验性学习更加合理并顺利进行。**无论在一项工作中失败或成功都能请导师进行反馈指导，这样就能从自己的经验中学习到更多东西。**

导师制度大多为欧美企业所采用，而在日本企业中却并不多见。有些日本企业则以非正式的形式对其进行采用。非正式的导师制度类似前辈与后辈的关系。很多公司中的员工都是以"这是进入我部门的新人""校友、同乡"等为理由将前辈变成了导师。

日本企业中也有严格将导师制度系统化的企业。

导师传授的并不只是工作方法。在导师制度较强的企业中，导师还会告诉新人组织的流派甚至工作顺序。从接电话的方法到着装要求，甚至到宴会上的敬酒方法等，导师会让新人在各方面都受到公司风气的熏陶。从这一方面看来，导师制度与日本型组织极为相符。

导师制度的害处是，在新人进入公司时，跟随怎样的导师就决定了他今后会使用怎样的工作方法，而且很难从这一模式中跳脱出来。如此一来，他将很难学会因情况改变所要采取的新的行动模式。

2. 职业愿景

具体地说，什么是职业？

所有商务人士都要在公司组织中工作并需要进行长期思考的就是**职业生活，也就是说，"我作为职业人士要怎样工作、我想过上怎样的生活"**。人们一般将其称之为"职业规划"。

最近将"在公司外也可用的实绩、经验"等也称为职业经验。这指的是能够成为职业经验基础的技能。广义上说，职业经验也可以指人生中的职业生活本身。

对于组织而言，或者对于在组织中工作的人来说，在思考组织管理时，每个成员的职业经验都是极为重大的课题。

即便提升职业经验后的结果都一样，但在欧美型组织与日本型组织中所需的技能则完全不同。

在欧美型组织中，频繁跳槽获得职业经验的人最重要的是要拥有能够带走的"可携带技能（通用技能）"。特别是，如果能够拥有在可携带技能中也具极高市场价值的"市场技能"，那么就能在各种组织中积累经验提高个人市场价值。

商务人士所追求的可携带技能基本不会随时代发生巨大的变化。虽然其中会出现更为重视的要素或内容上的侧重，但必需的项目却基本相同。MBA 的教育课程就是其典型实例。虽然项目相同，但也需要新内容，因此需要适时更新。

如果在此之中再进行举例，那就要提到会计与金融。这两项中最为重要且基本的判断基准是金钱。用医学术语来说，这就像是生命体征。没有哪个医生辨别不清血压与脉搏，医生在诊断所有疾病时都会在判断生命体征的基础上再考虑治疗方法。

但是，这里并不是说让大家都成为财务金融方面的专家。会计学或金融学中所得出的数字不过只是生命体征，在此基础上还要掌握劳动市场所需的技能。

与重视可携带技能的欧美型组织相反，在日本的传统型组织中，在组织内部具有非正式人脉等与组织相关的特殊技能的人更加能够提升职业经验。这一能力就是要具有能够看清每个部门的实力者是谁，与谁对话事情会顺利等的知识与经验。这是只有在公司内部才能得以发挥的能力，跳槽到其他公司后则会毫无用处。是在终身雇佣制的公司中才能使用的技能。

看清未来职业发展

作为新职员刚刚进入组织时，应该努力去完成公司委派的工作。但是，到了30岁成为可以独当一面的商务人士时，就应该考虑未来职业发展了。历经10年的职业生活后，大多数人都会在这一时期经历转换期。在事业上小有成就，并能真切地感到自己对公司所做的贡献时，人们会开始考虑其后的10年、20年是要在同一个公司工作，还是要去其他公司发展。

思考职业发展时要有2大基准。

・我想要做什么？
・社会（公司）期待我做什么？

必须要在这两个基准中寻找自己的路径。

另外，对在组织中工作的人来说重要的是**"自我职业发展"**与**"公司期待"**的关系。两者经常会出现南辕北辙的情况，因此如何使两者协调也是必须要思考的。

欧美型组织中，当自己希望的职业发展与组织意图出现矛盾时，员工可能会选择跳槽去其他公司。但是在以终身雇佣制为前提的日本型组织中，员工在心理上会对跳槽产生巨大的抵触，因此更要尝试顺应公司的意愿。

另外也可以通过应聘上岗提升职业经验。通过应聘上岗获得了自己想要的职业就是对自己的报偿。另外，由于应聘上岗是明确展示出来的，因此它也能够成为自身努力的目标。在这一意义上来说，应聘上岗能够促进职业经验的活性化。

从组织的角度思考员工的职业规划

此前我们已经从所属组织的成员的角度对职业规划进行过思考。组织方面也要思考每位成员的职业规划。

日本型组织在员工的职业规划上考虑周全。

通过统一录用新人的机会会录用大批人才，公司会出钱并让他们做很多工作，使他们能够通过经验学习而成长，从而提升职业技能。员工的职业规划不是个人思考，而是组织进行的全面思考。前面已经说过，职员在步入30岁后会迎来思考自己职业发展的时期。在这一点上来说，只要属于日本型组织，公司就会在全面思考后进行分配，所以个人基本不用思考职业规划。

　　但是，**晋升速度缓慢也是日本型组织的一个特点**。通过轮岗能够经历多种工作，但在晋升到管理职位前需要很长时间。因此这也意味着薪水的上涨也会很缓慢。从组织角度来看，需要较长时间才能获得晋升可以促进员工间的竞争，也能甄别优秀的人才。

　　与此相反，在欧美型的成果主义组织中，职业经验完全是个人应该考虑的事情。想做的工作就自己去争取并接受挑战，如果自己不具备完成这一工作的能力，那么可以进行自学。一切都要以自己制作职业规划为大前提。

　　但是，这种情况也在逐渐改变。由于经济不景气，当今的日本企业无法再维持终身雇佣，因此很多公司都在呼吁"自己思考职业规划"。而对于在年功序列制度中得到厚待的40~50岁人来说，这也可以解释为"公司以后再也不能确保你的工作了，请自己开拓你的道路吧"。

　　但是，在此前的社会背景下工作过来的人，很多突然收到这一信息都会觉得大事不妙。由于他们此前都在日本型组织中工作，因此缺少可携带技能，这在他们跳槽时可能会极为不利。在陷入这样的困境前，我们要有意识地尽早开始规划自己的职业发展，这在今后将变得非常重要。

职业发展计划

组织为开发成员的能力而准备的制度称为职业发展计划。

在我看来，**日本组织中缺少培养高级管理者的教育计划**。即便是在内部教育完善的公司中也只是对科长、部长等级别的人员开设管理培训班，却几乎没有针对高级管理者的培训班。

有些公司会在公司制度中表明，公司会为进行学习的初级员工发放补助，但这并不多见。

在日本型组织中，在他们价值观深处基本上都抱有"即便没有特别学习或进行锻炼，只要有干劲，努力去做就可以"的想法。公司里的员工缺乏通过职业发展计划学习到系统知识与技能后的组织成员会更具能量的想法。当然，作为企业来说，要花费金钱与时间的地方很多，因此这可能也是出现这一局面的原因。不过，从长远来看，进行教育投资的企业要比不进行投资的企业的生存机率更高。

与此相反，欧美型组织则对职业发展计划情有独钟。

欧美型企业也像日本企业一样会在某种程度上实施公司内部

考试制度，而且还会认真组建社内大学，很多公司都会在这方面倾注心力。他们以在社内大学中培育出下一任CEO为最终目的，在员工的能力开发上倾注全部的时间与金钱。公司内部考试制度并不是只有试卷或面谈就能确定的晋升制度。

在某个全球化药品生产厂，部长级别的人员要进行几个月一次、为期一周的研修。他在为期一周的研修中的行为都会被评估。如果被评定为优秀的人员就会进入下一级别的研修，然后再将其中的优秀人才招入总公司。公司正是利用这样的进阶式研修来培养未来的高级经理。通过观察这个人参加哪一级别的研修，就可以推测这个人的职业发展。

在日本公司中能够彻底对员工进行这种培养的公司少之又少。

专家与经理的职业发展

经理与专家的职业经发展不同。片面地说，进入组织上层、获得管理众多属下的职位就是能够提升经理的职业经验。而专家追求的不是管理，而是专业的知识与技能，因此与拥有属下相比，获得能够发挥自己专业性的职位才能够提升其职业经验。

但在日本企业中，经理与专家的职业经验大多没有在制度上明确地划分开。

专为少数专家制定的职业经验制度叫做研究员制度。研究员制度是指，为了让拥有较高专业能力的员工发挥其能力而专门为其制定的有别于其他职位的特定职位。"研究员"制度主要以研究人员作为对象。索尼、日立等大型企业中都会采用这种制度。

成为研究员就会从事与自己的专业领域相关的研究工作，因此基本不管理属下。即便如此，这一职位也和经理一样会得到高薪待遇。

但成为适合研究员制度的对象的都是部分非常优秀的人才，在日本公司中，研究员也是少数派。通常来说，专家也会在积累了职业经验后脱离车间成为经理。

Q&A

——除研究员以外的专家类职业经验有哪些？

虽说不及研究员的待遇，但也有一些职位可以走专业路线了。为了能给生产车间进行技术指导，有些公司的制度还可以返聘退休人员。而且，为了培养技术人员，厚生劳动省也制定了

"职业技能师制度"。公司可以积极地利用这一制度，强化对年轻技术人员的培养。获取了国家资格证书并在公司工作的律师、会计等也备受瞩目。据说企业内律师数量在这5年里增加了3倍（《日本经济新闻》2014年4月14日电子版）。待遇优厚的编程师也属于这一类型。

此前的日本型企业都是以培养通用性人才为前提进行制度设计。但在环境的不确定性提高后，只有通用性人才的企业令人大感不安。具有高度专业性的人才对于今后的组织来说至关重要。如IBM、伊势丹、日冷食品等企业都拥有内部的专业培养、评价制度。

第**4**章

为什么要有下属

1.经理的工作是什么

■ 经理就是让人工作的人

在组织中工作并顺利地积累了职业经验后就会升任经理这一职务。经理一词通常多用于商业实务，它有着怎样的具体意义呢？

有人认为擅长营业、开发、生产管理等特定职务、职能的人才可以直接成为经理，也就是所谓的管理职位。实际上也有很多企业采用了这一制度。例如，营业部会提拔达成优秀业绩的员工担任经理。

但是，在这一判断基准下成为经理的人却未必能够全面做好经理的工作。这是为什么？

经理不是自己工作，而是要让别人工作。也可以说经理是通过人来工作的人，这和此前在实际商务中工作时所需的能力完全不同。**营业部长不是进行营业的人，而是让下属去进行营业的人。**

像这样在同一职务内，将工作划分为执行职务与支援职务的做法叫做垂直分工。

具有这种思想的人会成为优秀的经理，不具备的人即便是优秀的营业员也未必就能成为营业部长。这种例子在日本企业中屡见不鲜。不仅是员工本人，人事部也同样会在没有充分判断员工是否能够胜任经理职务的情况下就已经让其晋升。

这样做的理由之一就是，当组织处于困难期或人员减少时，为了应对工作，经理本人也能亲自赶往现场。也就是说，他们不得不充当所谓的执行经理。这样一来，他们自然就会渐渐忽视掉经理本来应该做的工作。

即使作为执行经理也不该忘记身为经理的职责。即使经理亲临现场，本职工作依旧仍是管理，经理本人没有必要一直处于商务现场的前沿。

担任营业部长兼执行经理的人的工作是为营业部整体制定方针，并对每个下属进行成果、进度管理。而一旦他成为执行经理，那么他自己也要占有一定比例的营业预算。作为一名营业员，他需要在营业中赚钱。

执行经理必须将自己的时间按照7成担任经理工作，3成充当营业员来进行分配。然而，日本企业首先注重的是达成预算，因而对经理工作的占比问题有所忽视。

■ 经营管理技能的必要性

要成为优秀的经理就要掌握扎实的管理技能。

但在日本企业中，很多经理都是"独断专行"。前面所述的执行经理的情况或许也是其成因之一。而比这更深一层的原因则是他们并不具有管理技能。由于他们不知道如何正确地实行员工管理，因此才总是会出现"向我看齐"这样的做法。

作为管理手段，当然也可以使用将自己树立为典范的做法，但这样还不够。并不是所有下属都只适用于千篇一律的管理方法。管理者要针对每个属下的不同性格选用不同的管理方法，这也是管理者所必须具备的技能。

人的性格各异。有人会因受到批评而努力工作，也有人却不会。即便你只会1种管理方法也可能也会有属下跟随你。但也仅止于此。但是，**我们不需要掌控百人的百种方法，只需要了解几**

个典型实例即可充分应对。优秀的经理明白这一点后就可以因势
利导地进行判断。

不管怎样都要自觉学习并掌握经理所需技能。

■ 经理的具体工作内容

日本型组织与欧美型组织在经理的工作内容上基本没有差
异。两个组织中的经理的目的相同，即便手段不同，但经理的理
想状态仍然相同。

经理的具体工作如下。

对方针进行说明

根据目标，把公司制定的战略转化为自己团队的最终目标，
明确团队的使命作为重要工作。

我认为日本企业中的大多数经理并没能完成这一工作。因此
他们既无法把公司战略分阶段进行思考，也无法确认各种不同行
为之间的连贯性，而是习惯于按照"上司的指示"去被动接受。

另外，经理要掌握在会议上做出决策的手段与方法，这是一

种非常重要的能力。经理在会议室中表现出不愿下结论。越是优秀的经理越是如此。经理的大部分工作是做出决策，也就是反复对最初明确部署的方针进行确认。

分配工作

根据每个属下的经验对工作进行分配，或者分配员工做从没有做过的工作，使之增长经验。

适当地对下属进行反馈指导

对常规业务的发展状况进行确认，并对问题进行解决。也称之为管理行为。

下属不同，进行反馈指导的方法也要有变化。例如，如果是第一次做这项工作的下属，那么就要在一定程度上予以诚恳而耐心的指导，如果是已经有经验的下属则可以大略地做出指示，然后只要定期对其工作进行确认即可。不仅是在熟练度方面，有时也要根据下属的性格而采用不同的指导方法，比如有的下属不喜欢巨细管理就要在一定程度上放权管理。

让下属充满干劲儿

与反馈指导一样，每个人产生干劲儿的原因各不相同，因此经理要具备能够看清每个下属的干劲儿来源的能力，这十分重要。干劲儿是非常重要的一个课题，我们会在其他章节进行说明。

图表12 ◆ 经理的工作：首先要确定部门方针

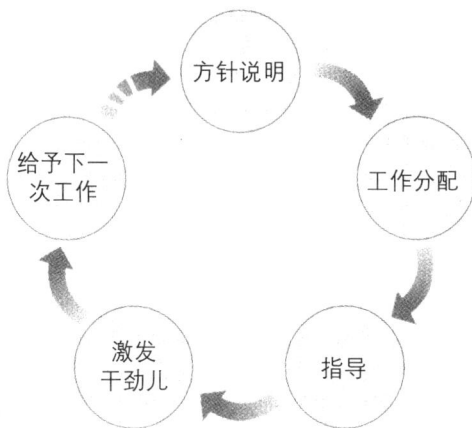

人们常说经理的第一工作就是给下属分配工作，但在此之前需要与下属们共享部门方针。首先要让下属认识到公司处于怎样的现状，然后再对公司采用怎样的战略进行理解，这样才能采取更为适当的行动。下属理解了部门方针后，即使经理没有对下属做出详细指示，他们也会自主行动并有望获得更大的成长。

另外，在会议上使下属们感觉到公平最能驱动下属。即便是对于发言者而言的消极意见，只要不成为消极评价，就可以成为良好的反馈使会议活性化。也就是说，对事不对人，深化讨论内容的态度才是更好地进行决策的关键。

会议中最难办的就是人为地陷入"你说的我都反对"的思想中。与此相反，如果制定了公司会议的判断基准就不会陷入这样的困境。例如亚马逊公司的"领导力原则"成为了大家的行动标准就是其中一例。

■ 经理的权利来自哪里

一句话概括来说，经理的权利来源于公司内部规定的权限。经理对属下进行的评价会影响其在公司内的职位与薪水。

因为经理的判断是基于目的基于合理性原则的，所以下属会遵从。经理进行思考并做出判断的前提就是达成组织的最终目标。这是最重要的。

但是，当经理的行为不合理时，在日本型组织与欧美型组织中的下属的反应截然不同。

当怀疑上司做出的指示不合理时，欧美型组织中的下属的行动力会明显下降。而在日本型组织中，与工作内容相比，员工更倾向于服从于人。因此，即便经理的指示不合理，下属们也会认真地听取指示并展开行动。

无论如何，不要例行公事般接受组织赋予的权利，如果不能在平时自觉地进行理性判断并做出具体行动，那么经理的权威就有可能受损。

约翰·加德纳（John Gardner, Leaders and followers, 1987）指出，成为经理就需要有下属，需要拥有追随者。

2. 管理与领导

■　管理与领导的区别

经理需要在管理之上进行领导。

约翰·科特曾在《领导力论》（1999）一书中详细介绍了两者的区别。

简单来说，领导是指"对处于较大不确定性状态中的集团或组织进行引导的行为"。更明确地说，引导集团就是要决定怎么做。我将其称为"制定规则的行为（make a rule）"。

也有人会说"经理的工作之一就是进行特别情况处理"。换种说法的话，这也是在"为了打破已有规则下无法解决的状况而制定新规则"。经理有时会"根据特别情况确定新规则"。这同样也可以称之为领导吧。

另外，"一旦确定的规则就要认真执行"，这种"确保规则持续下去的行为（keep the rules）"可称之为管理。

组织需要管理与领导这两个方面。越是在稳定的环境中就越需要管理，而在不确定性较大的环境下需要决策做什么，因此这时更加需要领导。

在领导确定的规则无法取得成果时，领导人自然要承担责任。但是，将定下的规则贯彻执行到底做出业绩则要靠经理的管理。轻易改变规则是导致组织出现混乱的原因。

不论如何，组织都需要管理与领导。两者缺一不可，否则就会出现生存危机。

有人认为领导力是与生俱来的，或者是性格使然，也有人说这是一种行为特性。对此，目前还没有明确结论，随着研究的深入，我们会对此逐渐明了。

图表13 ◆ 领导与管理的区别

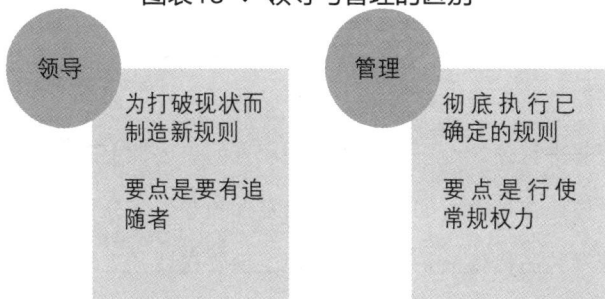

领导	管理
为打破现状而制造新规则	彻底执行已确定的规则
要点是要有追随者	要点是行使常规权力

■ 根据目的与情况分别使用

　　管理是以确实达成上级的指示为目的的行为，因此管理不能偏离这一目的。 每个成员的所有行为都要和目标的达成相关联。

　　同时，为达目的也需要计划。但是所有的商务都不可能按照事前计划好的一样去进行。这就需要我们应对计划外的突发情况。因为并没有提前做准备，因此需要当即制定新方向与行动规则。这就是领导。

　　同时，要让新的行动规则为大家所接受还需要拥有追随者。

　　日本型组织中的经理因阶层而异，中层经理大多不善于领导。其原因如前所述，由于需要担任现场经理、负责自己的业务，因此他可能会在现实中为了自己的实际业务而去完成眼前的目标而非进行领导。不过，从经理职责的重要性上来看，这听起来多少像是在辩解。如果经理不能发挥领导力、赢得追随者并进行管理就无法称得上是经理，经理至少要在展开工作前将身边的人变成你的追随者，并且能够自行应对特别情况。

3.驱动属下

■　激励

　　驱动属下，也就是"激励"是经理的重要工作。首先来说明一下激励的原理。

　　即员工受到外部刺激，并以此作为展开行动的原因。

　　在图表14中，"原因"部分之所以用深色进行强调，是因为在第三者看来，行动是能够用肉眼观察到的，而原因却只能推测。因为受到刺激而展开行动的原因其实是一个黑匣子，大家只能对其进行推断。众多学者仍在对诱发行动的原因进行研究，虽然现在已经出现了很多学说，但至今没有明确定论。我们把这一原因称之为"动力"。

因此，当有人想要采取某种行动时，我们可以设想他采取这一行动的原因，并对其进行刺激，其本意就是"给予动力"。

但不论是给予刺激还是动力本身都要有促动因素。无论怎样，"动力"也好，"激励"也好都要区别使用，或者考虑对方所说的是哪种含义，这样才能使相互理解变得容易。

利用外部刺激的激励称之为"外在动力"，而由个人内部产生的激励则称之为"内在动力"。

图标14 ◆ 激励

■ 具体的激励方法

经理所使用的激励方法如下。

尊重

首先是"夸奖"。与利用加薪等给予实际报酬的做法不同，语言上的"评价""责备""鼓励""问候"等也具有同样的效果。特别是当你无法用自己的权限决定下属的待遇时，利用语言就变得尤为重要。

夸奖的方法也可以有多种变化。既可以立即对属下刚刚采取的行动进行夸奖，也可以在人际关系复杂时，通过他人对其进行夸奖。"认可"与夸奖一样，会使人大脑中的报酬系区域活化。同样，经理与属下间的问候也十分重要。不要用背影打招呼，哪怕只是面对面的眼神问候也会让属下的干劲儿焕然一新。

夸奖行为在心理学上来说是在满足对方的自我认同感，是在满足人类最根本的需求。夸奖的效果不仅只对孩子有效，夸奖成年人也同样有效。只要人类具有社会性，自我认同感就不会消失。

在这一点上，日本型组织与欧美型组织相同，只是在夸奖的方式上略有不同。产生这种差异的原因在于两者之间的文化差异。例如，在日本，没人喜欢在受到夸奖时被人紧盯不放。相反，欧美人则觉得在说话时如果不紧盯着对方的双眼就会感觉不自然。而中国人最讲究面子，因此在对其评价时自然需要夸奖。

反馈指导

经理的工作并不停留于激励，还要根据结果对属下进行反馈指导就会非常有效。

图表15 ◆ 反馈指导流程

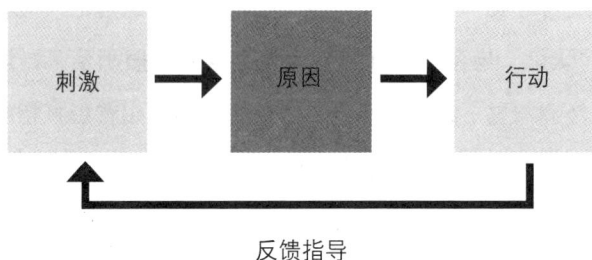

对每个人进行反馈指导的方式各不相同，因此最好在一边注意观察下属的表情、行动等反应，一边再想办法对其进行刺激。

这一模式的要点是不能在交流中进行单方面的信息传达。而且，**要选择对方能够理解的语言。反复多次地进行反馈指导后，双方的相互理解就会加深，从而达到视点统一。**

提升信赖感

是否被受到表扬的对象所信任，这在激励员工时也十分重要。如果不被对方信任，即便你对其极力夸奖，对方也会无动于衷。

获得信任的**其中一个条件是要在日常与属下进行闲聊**。可以聊聊宠物、家庭种菜等等，任何话题都可以，最重要的是闲话家常，这样更能够了解对方的多面性，这就是聊天或是开设下午茶时间的意义所在。

更为极端地说，或许"即便你错了，我也愿意跟着你"就是这种信任关系的终极表现。有一次，我去一家医院取材，据说那里有位工作人员非常优秀，在录用他的时候，这家医院的理事长也曾亲自面试他很多次。我问这位理事长"最后您录用他的依据是什么"，这位理事长说"我的标准就是，如果他在说谎我是否还愿意和他交往，用这样的方法来看清对方的本性"。

要让组织顺利运作不仅需要激励成员，还要尊重成员。虽然组织中会有上司与下属这种形式上的上下级关系，但只有尊重对方才能做好工作。拥有巨头企业高管经验的数土文夫先生在带领精英团队组建项目时总会着眼于属下的"长处"。他说"在属下崇拜你之前，你必须要先崇拜你的下属"。

根据设定的目标进行激励

管理就是将组织的目标详细划分后再进行工作分配，当然这时也要对员工进行激励。

确认自己的工作在巨大的组织中有着怎样的意义十分重要。它能够引发员工自身的独立性，同时也能够满足自我认同感。也就是说，工作的内容能够唤起人的干劲儿。

逐步导向

有时我们能够提前决定好接下来要采取的行动，而有时我们则需要在工作的逐步推进中才能看到我们所希望的方向。无论是哪种情况，想要突然改变行动都是十分困难的。

在试错法（TRIAL AND ERROR）中，如果员工采取了恰当的行动就要表扬，而行动不恰当时则必须要有意识地对其进行修正。

诱发自律性

经理不仅要做出指示、下达命令，还要促进下属自律，这也是其重要职责。

这与给予内在动力相似，重点是为下属打造出便于工作的环境。不是直接指示下属，而是提前做出安排，通过事先与相关人员打招呼等形式准备好能够诱发下属自律性的环境。目标是让下属在这一环境中体验成功，最终让他对工作产生自信。

将工作委派给属下，并且让其体会到成功，这样他就会意识到"这次成功了，下次也能成功"，同时又使其对工作产生了主人翁意识。反复体验这样的小事就能培养下属的自律性，并且能让他将这种自律性带入本职工作中。

即便这种方法进展不顺利，也还可以采用除工作外的其他方法。尤其是对于商务经验较少的新人来说，他们很少有机会能够自己完成一个普通业务。此时可以采用让他们担任宴会干事之类的方法。据说咨询类公司大多采用这样的做法。经理委派下属担任宴会干事，然后还会向其询问"宴会的主题概念"是什么？这样新人就必须要进行思考。他会为寻找可用作会场的意大利餐厅而绞尽脑汁，考虑在宴会上呈现怎样的菜品，对方方面面进行思考。完成一次宴会不仅是在锻炼员工的企划能力，其中还需要员工具有预算管理等多种技能。

因此，偏激地说，这样的宴会无论成功与否都无所谓。员工自己能够完成整个过程才最为重要。对员工直接做出指示，或者只让员工担任部分工作等都无法培养员工的自律性。使其自己注意到或者看到可能性最为重要。至于能将此种方法运用到何种程度，这就要看经理的能力了。

Q&A

——请详细讲讲技能类型。

哈佛大学的罗伯特·卡茨将工作所需技能分为3类。要使业务顺利进行，需要具有专业性的"技术技能"，对事物进行思考并产生创意的"概念性技能"以及使人际关系顺畅的"对人技能"。

只要员工每天作为社会人工作，他的对人技能总是会自然而然地得到提升。作为经理，最重要的就是帮助下属提升技术技能，以及打造出可锻炼下属的概念性技能的环境。

这里提到的激励基本上都是经理与直属部下之间私下进行的。

另外，作为组织来说，对组织成员进行激励非常重要。这在个别管理中属于制度设计范畴，将在第6章中提到。

第**5**章

经理的辛劳

1. 人并不只凭理性行动

■ "拥有感情"的人类

人类有意识地进行思考并做出行动时所利用的大脑不过1%，其余的99%则由感情与无意识占据。人类大多是凭借感情与无意识来行动的，所以人类很难单纯"依理而行"。

感情对于人类的思考、判断基准乃至记忆都有着巨大的影响。例如，一旦对一个人产生了好感，那么你就能很快接受那个人的所有行为，反之则截然不同。假如是在后者的情况下，那么在工作进行中就有可能会出现问题，有时它也许会使你产生误判。

图表16 ◆ 人类展开行动的原因

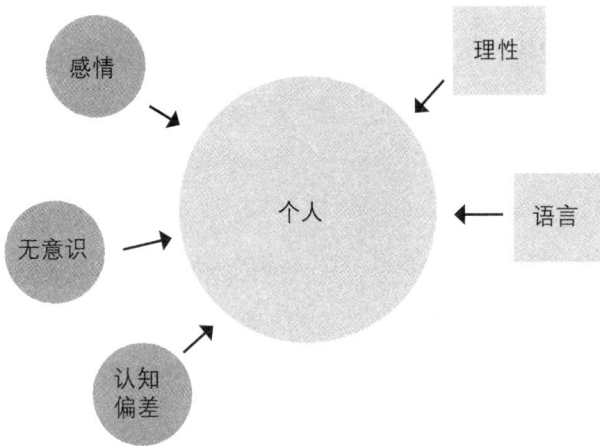

人类会根据自己的经验、价值观来采取行动，我们虽然看似在进行理性的判断，实则大多受到了感情与无意识的左右。必须注意的是，不要在思想上唯我独尊。了解人类大脑的缺陷非常重要，养成从第三者的角度重新思考自己的看法、想法的习惯也很重要。

但是，我们有时也会很难理解对方的感情。有时，当你的言行与对方的感情相左时，不论你的道理多么条理清晰且具有说服力，对方还是不会赞同。

■ 语言的力量

当然，这并不是说"人类的行为不需要逻辑"。对于人类来说，逻辑很重要。在这一层面上所说的逻辑也可以替换为理性与语言。人类通过组织语言创造世界观。为此，即便只是在语言的世界里，其中也有着仿若真实的行为。例如，很多人认为8月15日是终战纪念日，但在国际法上战争结束日期是1952年4月28日。

语言会带给我们印象，而我们又会因为这种印象而使思考、行为受到限制。我们也将之称为社会构成主义，其主要含义就是指人们利用语言创造世界观，而我们又受到了这一世界观的左右。从这一点上来说，语言非常重要。而且，语言的构成具有理性，而对于人类而言，理性又必不可少。

不过，日本人实际上并不善言辞。

如同"心领神会""以心传心"等词语一样，日本人倾向于重视带有依存于某种情境的交流。这种交流不是用明确的语言来表现，而是依存于某种情境，进而去解读他人的内心。这种传统思想认为，这是作为社会人的一种重要资质。

你无法粗略地对这种日式组织的交流方式用好坏加以判断。

日式组织中的沟通交流的优点是没有成本。每次在进行谈话时，即便没有按顺序向对方一一说明每件事的缘由，对方也自然能够明白。这样就节省了时间。但这种沟通交流方式要以长期持续的关系以及双方各方面性质相似为前提。

但是，**商业中的沟通前提则是与拥有不同背景、不同价值观的人进行交流**。而且，在世界范围做生意时，双方价值观上的差异会更大，仅靠双方相互揣测对方的心意则无法顺利地进行沟通。如果你觉得"不用明说对方也能明白"，那么即便你的英语非常流利也无法与对方顺利交流。以"对方无法简单明了地理解自己的感受"为大前提时，如果不把话说得详尽明白，就无法进行沟通。

其实，在组织内部的管理上也是如此。过去培养部下时会以上司为榜样，或者是双方在心中默默地相互了解。但是，在环境变化激烈时，此前的常识则往往会无法适用。在这种时候，相互确认好对方说的每句话再进行讨论最为重要。

■ 选择的矛盾性

在思考"人类的不完美"时，我们首先要了解"选择的矛盾性"。这在进行管理时也是一个重大课题。

"选择的矛盾性"是指，人类想按照自己的想法去对事物进行判断，但现实却无法这样做。

每个人都处于社会这一层面中，并在其中做出决策。由于其所处社会的规则已经内在化，因此即便想要进行自由选择，大多数人也会在受到文化、社会规范的制约下行动。

买东西时，如果有两个同样的商品，一个在物理上靠近我们，而一个较远，那么我们就会选择购买靠近我们的商品。这也是一种选择的矛盾性。我们的行动受到环境的限制，即便是在购买自己喜欢的东西时也同样会去拿能够轻松到手的东西。

组织内部也是如此。一旦隶属于企业等特定组织，即便想要说出自己的想法，也会在无意识中以组织的标准去进行判断。我们有时也会偏颇地把极其个人的见解当成能够代表公司的意见。

尤其是在社风极强的传统型公司里，它们之所以无法产生新的创造性想法的重大原因之一也在于选择的矛盾性。

在管理中，必须要注意自己或下属是否掉入了选择的矛盾性。

2. 个人思考的弊端

■ 认知偏倚

人类在很多意义上都有着思考上的弊端。一般我们将其称之为"认知偏差"。认知偏差多种多样。

例如，一旦我们认定"A正确"，那么即便后来有人否定A，我们也不会欣然接受，而是坚持认为"A正确"（锚定效应）。如果我们先听到了否定意见，结果就会全然不同，但一旦我们相信了A，我们就会去搜集证据以便证明A的正确。另一方面，我们会无视不支持A的数据，或者对这些数据进行逻辑批判。我们称其为"证实性偏倚"行为。在必须做出决策时，一旦陷入证实性偏倚，就有忽略原本应该进行研讨的情报或数据的危险。

或者，也有人属于"后见之明"。在对创新产品进行开发时，如果能在开发后对开发这一产品的理由进行思路清晰的说明，也就意味着能在可预测的范围内进行产品开发。但在实际的技术革新中是不太可能的。**在某件事后就如同一切都计划好了似的解释说明来龙去脉就是"后见之明"。**这种偏差一旦过强就无法在技术革新中获得学习。

开发工作本来就是在百转千回之中，在百折不挠的努力下才能取得进展。这其中一定会经历四处碰壁，然后跨越这些壁垒的过程，将这些经验与教训全都整理出来之后就能用于下一次的开发。

除此之外，人类还有很多认知偏倚。可以说能够毫无偏见而公正地对事物进行判断的人少之又少。

认知偏倚不仅发生在个人身上，甚至还会出现在团体中。

有时候一个人思考的时候想不到的结论在集团思考时就能想到一些过激的结论。**团体得出的极端结论称之为"集体迷思"**（艾尔芬·詹尼斯研究）。例如，有时整个组织会隐瞒企业出现的丑闻。组织中的每个人都有社会人应有的伦理观念，但为了组织利益，他们扼杀了这种伦理观并采用了这样的不正当行为。这就是集体迷思的一个极端事例。它并不是由谁带领大家率先开始走向极端的，也不是由于无法抵抗公司内部氛围或是急于得出结论而为，这种集体迷思更多的是在无意识中产生的。

与其相反的情况是，**没有经过充分的讨论就急于统一意见，这种现象是"集体浅虑"。**出现集体浅虑会导致虽然集合多人智慧希望得出的最佳结论，但却事与愿违。

经理要在自觉意识到个人与集体存在认知偏倚的基础上思考如何避免出现这些现象。

■ 避免认知偏倚的方法

那么，经理要怎样避免陷入认知偏倚呢？

首先要意识到"人类的思想存在偏倚"。**了解认知偏倚的存在及其带来的危害是预防其发生的第一步。**

有人觉得自己"发热、心情郁闷，我是不是要死了啊"，也有人觉得"这些症状说明我感冒了，静养2~3天就会好"。即使身体症状相同的两个人也会采用不同的行动。因为在他看来，"是感冒当然就会出现这些症状，所以就要这样去做"。人类在为某些状态找到理由后就会沉着冷静地采取行动。

在实务方面，只要经理稍微指出"我们已经有了这种倾向，需要注意"时，成员们回避陷阱的机率就会提高。

例如，当在会议上感觉"今天的结论得出得有点儿着急"时，经理就会采用故意提出反对意见的手法，这被称之为"魔鬼代言人"。经理在做魔鬼时要正面提出反对意见，这在英语中写作devil's advocate。他会特意说出与多数派不同的意见，这样就能使成员们意识到团体性的认知偏差。另外也可以在会议高潮期询问魔鬼代言人的意见，用以确认自己一方的意见是否正确。

GM（美国通用汽车公司）的CEO阿尔弗雷德·斯隆也曾使用过这一方法。当干部会议中全员意见一致时，他会故意保留这一提案，然后在翌日的会议中再次进行审议。他认为，人类想法各异很正常，如果全员一致就有可能是陷入了认知偏差。

图表17 ◆ 回避认知偏差

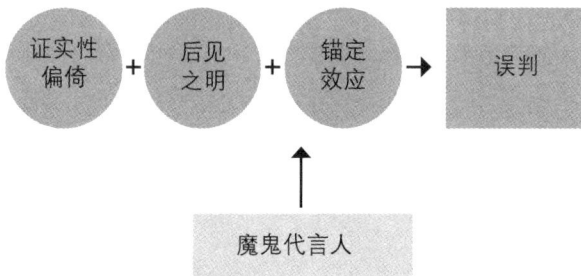

首先要意识到人类在认知上会产生很多偏差。也就是说，人存在记忆错误、判断偏差等情况。在一个集体中也是如此，人多未必力量大。因此有人充当魔鬼代言人十分重要。

魔鬼代言人是在个别时期使用的应对方法。同样也可以使用事先定好决策原则、全员照此行动的做法。也就是说"我们容易陷入认知偏倚中，于是才要将能够回避这种情况的行动规则变成明文规定"。此前曾提到过的亚马逊公司的"领导力原则"就是其中一例。

避免认知偏倚既可以依靠每个经理的个人能力，也可以将其作为规则明文化来让集体避免决策错误。

3.经理的终极目的

■ 培养人才的重要性

经理工作的最终目的是培养优秀的人才。

如果不能培养出像自己一样，甚至比自己更有能力的人，组织就只会缩小。组织也需要新老交替，如果那时组织里的人才始终能力不及自己，那么组织自然而然就会缩小甚至走向灭亡。日本大多数企业的经理都过于轻视这一点的重要性。即使表面上在说"需要培养人才"，那也不过是认为只要把自己知道的做一下传达就是经理担任的教育工作。经理不仅是要将知识传达给属下。

为了避免此种情况并使组织得以存续，为了促进每个成员的自律性，需要使其积累更多的经验，并对其工作结果进行确实的反馈指导。

培养他人也是在培养自己。培养人才最终也能使自己获得自我充实感（subjective well-being）。

■ 组织的存续

对于组织来说，组织的存续非常重要吗？

举个极端的意见来说，如果公司这一组织的最优先课题不是存续，而是为股东带来利益，那么无论公司组织长期存在与否都不要紧，只要它能带来更多的收益就好。也有人认为如果这个公司没了收益就可以抛弃，然后再创造其他公司就可以了。这就是欧美型组织中也非常极端的"股东资本主义"的例子。

而日本型组织则多认为组织的长期存续更有价值。在日本，据说创业至今超过100年的老字号企业超过2万6000家（2013年帝国数据库调查结果）。

Q&A

——企业组织是长期存在好，还是适时结束更好？

这里不评断两者的好坏，但是组织存续就意味着稳定的雇佣关系和缴税，可以说它与社会稳定密切相关。世界各地都在发生大规模的示威游行，其原因之一就是没有稳定的雇佣关系。企业的存续会产生稳定的雇佣关系。这是在为社会安定做贡献。而且，只有组织存续才能使组织的理念得以实现，同时也能够向股东尽责。

第**6**章

理解组织构造，驱动组织运作

1. "执行"与"行政"

■ "执行"与"行政"的差异

在第4章、第5章中，我们解说过经理的职责是在组织中拥有部下，并且完成所负责部门的部署工作。在第6章中，我们来说明经理在整个组织运转中起到的作用。

其中的关键就是"行政"。

为了能够清楚地说明行政的机能，我们先来说明一下与之相对的"执行"。

在企业组织中，执行就是实际担任营业或商品开发等工作的人。简单来说就是直接赚钱的人。

而行政则是指经营战略、人事、财务等思考赚钱方法、为执行提供业务支援、决定组织的方向性并管理工作实际流程的人。

提到"行政（staff）"，人们可能会想到一些商店里的行政人员，他们给人的印象可能是在店长身边工作的业者。但在组织管理中的行政是专业用语，与此意义不同。赚钱的职位叫做执行，而除此之外的其他岗位都是行政。

经营层中没有执行与行政之分。严格地说，经营层中的人不是公司组织中的成员，而是雇佣从业者的雇佣者。执行与行政则都是从被雇佣者的角度来说的。

另外，在思考行政时必须要注意的是，当组织发展到一定程度时，执行和行政需要进行划分。虽然我们已将两者在职能上进行了区分，但是组织中是否有专人来负责这两个职能则另当别论。理由之一就是如果公司的资金只够设立行政这一岗位，那么就很难做到使其两个职能分立。通常在没有充足资金的情况下，执行与行政多是一个部门兼任。其次，如果组织规模小，行政工作也有限。如果只有10个从业人员，那么就没必要为10个人创立人事部。如果要进行人事评价，只要社长直接与员工面谈就可以。与其花钱雇佣人事部专员，不如社长在自己的日程表上多做安排更为合理。而且还可以将这一工作委托给外包公司。如果将经理或是部分人事业务委托给外部业者，它便将不再只属于自己的公司。

不过，我们不能墨守成规地说"组织中必须要有行政部

门"。设置这一部门需要消耗时间、成本以及人才，而且还需要
考虑它是否能够带来与之相符的利益。有些上市企业也没有设置
人事部，而是让总务部负责其工作。

　　当然，为将来的发展考虑，我们应该设立行政部门。这也可
以说是设计战略性组织的一个例子。总之，作为组织而言，要根
据对行政部门有何期待而改变组织构造，这样理解会更好。

图表18 ◆ 明茨伯格的组织基本构造

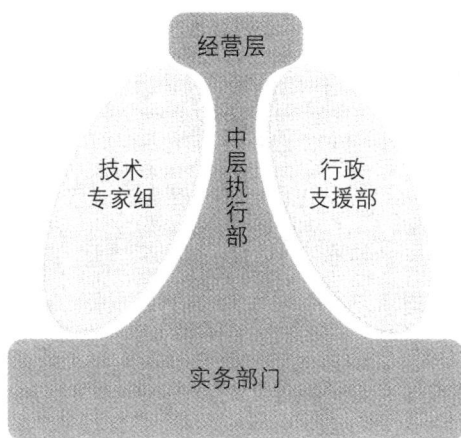

出自：Henry Mintzberg.*The Structuring of Organizations*.Prentice
Hall.1979
（翻译部分为作者私译）

■ 在组织中定位

具体担任行政工作的是在经营企划室、人事、总务、财务经理、社长室、法务、宣传等部门工作的人。

加拿大学者亨利·明茨伯格所思考的模式能够使我们简明地弄懂执行与行政在组织中的定位。

图18中最上面为经营层，最下面是实务部门，中间部分则由中层执行部连接。它既是指挥命令系统，同时也具有向各部分进行说明的责任。

为让实务部门良好运作而设立的支援部门就是行政部。

与行政部不同，"技术专家组"则是以R＆D为核心的思考新的商业机会的人。这是与生产、商品开发等毫不相关的基础研究部门。

任何组织基本都有这些机能。而且，根据汇报执行关系（指挥命令系统）可知，组织的健全是达成组织目的的必要条件。

在规模较小的中小企业、风投企业中，也有的公司没有进行职能划分，社长一人承担执行与策划等全部工作，而且公司也运作得很好。不过，那样的社长必须即便一人身兼两职能也做到职责分明。

随着组织的壮大，职能要进行细化。汇报执行关系最初只是将上层与底层相连，但随着组织的发展壮大，组织开始需要划分出中层，在发展到一定规模的公司中则要拥有明茨伯格所指出的组织构造。当然，由于各公司的组织战略不同，前面图中所示的各部门的大小会有变化。以在基础研究中寻找差异化为中心的企业就会着力发展技术专家组，而以零售为主的公司则会着力发展实务部门。

■ 行政部是服务中心

如同前面所说，行政部门不会直接在销售额上做贡献，因此也有人认为这是一个成本中心（消耗费用的组织）。但是，如果没有行政这一职能，利润中心（产生收益的组织）将无法全面发挥其执行机能。

因此，有人认为对于其他部门而言，行政部门是为了使业务圆满完成而提供服务。例如，从"行政部也创造价值，应该做为利润中心来思考"这一角度来看，可以给行政工作定价，决定收益标准。行政部门为执行部门提供的服务可以看做是内部交易，有些企业组织就对其采用收支计算法。比如营业部要使用会议室，那么营业部就要按小时支付总务部使用费等。

有研究者认为，这样做能使总务部产生工作积极性，为了能够让会议进行得更加舒适，他们会在会议室的用具、备品管理等方面下功夫，其结果就是使营业部的业务进展得更加顺利。

行政部门的作用

行政部门的技能大致可分为以下4方面。

· 制定经营战略

· 设计组织

· 设计、运用人事制度

· 制作预算

以下将对这几方面进行逐一说明。

2.制定经营战略

■ 经营企划室的机能

制定经营战略的部门大多称之为经营企划室，因此以下就使用这一名称来进行说明。有些公司里没有名为经营企划室之类名称的部门，但也有社长室或是其他担任此机能的部门。

无论是经营企划室还是社长室，基本上的任务都是社长助理。与社长一同思考经营战略，当社长要向公司内外传递消息时进行草拟等工作。

从长期视点来看，经营企划室的使命是分析经济与社会动向，决定公司的方针。而且，在方针决定后还要决定资源分配，为推进项目而整理环境等等。在日本型组织中，经营企划室多采用以中层人员为中心制定方针，然后在获得高层领导的认可后再向组织公开的形式。而在欧美型组织的企划室中则是以高层主动咨询为主。也就是说，战略的主动权在高层手中。

■ 人事与总务也要思考战略

经营战略如果只是计划，那不过只是美好的蓝图。只有在其他部门经过判断并展开行动后战略才会落地。

例如，如果经营企划室起草了5年内的经营计划，为了将其具体化，人事部就要对需要多少具有怎样能力的人做出决定。而补贴所需的人工费等则是财务部门的工作。

如何满足经营方面提出的要求——这是组织在决策时对于行政人员的期望。换言之，"行政人员是上层决策的代理人""接受经营层的指示并思考组织方向性的人"。

实际上，当被分配到财务部或人事部时，即便是普通员工也已经脱离了劳动组合。劳动组合是以向雇佣者，也就是向经营者提出建议并保护作为劳动者的权利为目的的团体，而行政人员终究是站在经营角度来说的，它的职能显而易见。

执行部门与行政部门的关注点也不相同。行政部门要从全公司着眼去进行工作，执行部门则以自己所负责的范围为中心进行思考、展开行动。两者间的平衡在组织管理中尤为重要。**并不是从事直接与销售额相关的工作的执行部门对组织的贡献最大，也并不是对整体了解最多的行政部门最重要。**

3. 设计组织

■ 设计组织的目的

组织设计的工作一般由人事部、经营企划室等负责。

组织是战略执行的工具。所以，组织设计是为实施战略而制定的更为妥善的构造。**构造就是要说明谁负责什么、还有谁和谁以怎样的关系进行工作等**。战略变更较大时会改变组织的整体构造，战略变更较小时组织也会只进行局部调整。例如，当公司要在越南设立生产基地时会按照新的要求创建负责部门，但是却并没有对整个组织进行再设计。行政部门计划的内容未必能够完全适用于执行部门。当然，执行部门也会通过出现的情况以及时间积累的经验等在实际工作中进行必要的调整或修正。

有时组织构造也会发生根本性的改变。这就意味着要进行巨大的战略转换。

2011年朝日啤酒转变为公司制。这反映出它的经营战略转换为"加强除饮料之外的其他部门，以成为综合食品厂为目标"。最具象征性的就是控股公司名称变更为朝日集团控股。也就是说，公司名称中去掉了啤酒两个字。这就意味着公司要从此前一直公认为主要事业的啤酒产业中蜕变出来。啤酒产业只不过是控股公司旗下的一个公司的业务而已。

变为公司制后，朝日开始进行事业投资组合，并采用了从外部购买所需事业的手法。实际上，在朝日转变为公司制后就购买了澳大利亚的啤酒厂以及味之素、可尔必思等公司。

同时，公司制的优点还在于可轻易出手不需要的事业部门。同一集团通过对事业的买卖提升综合实力、制定战略的前提是酒精市场在缩小。因此朝日集团才会对自己的生存战略做出巨大的改变，为了实施这一战略而实行了公司制。

图表19 ◆ 朝日集团控股

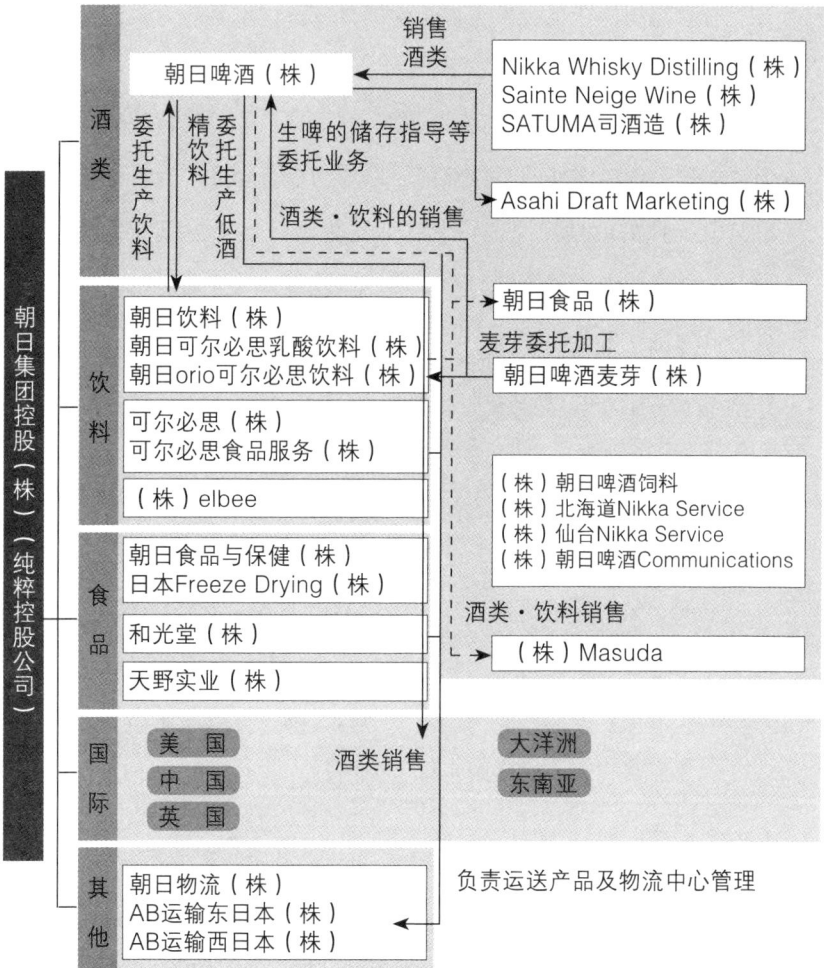

销售酒类

朝日啤酒（株）

Nikka Whisky Distilling（株）
Sainte Neige Wine（株）
SATUMA司酒造（株）

酒类

委托生产饮料

精饮料

委托生产低酒

生啤的储存指导等委托业务

酒类·饮料的销售

Asahi Draft Marketing（株）

饮料

朝日饮料（株）
朝日可尔必思乳酸饮料（株）
朝日orio可尔必思饮料（株）

可尔必思（株）
可尔必思食品服务（株）

（株）elbee

朝日食品（株）

麦芽委托加工

朝日啤酒麦芽（株）

（株）朝日啤酒饲料
（株）北海道Nikka Service
（株）仙台Nikka Service
（株）朝日啤酒Communications

酒类·饮料销售

食品

朝日食品与保健（株）
日本Freeze Drying（株）

和光堂（株）

天野实业（株）

（株）Masuda

国际

美 国
中 国
英 国

酒类销售

大洋洲
东南亚

其他

朝日物流（株）
AB运输东日本（株）
AB运输西日本（株）

负责运送产品及物流中心管理

朝日集团控股（株）（纯粹控股公司）

*根据朝日集团"FACTBOOK 2014"制作

图表20 ◆ 顶点连接模式

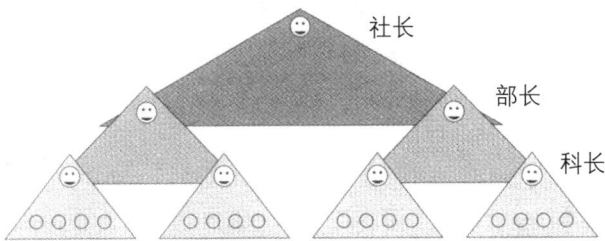

■ 顶点连接模式

组织应该被设计成何种形式？

最为简明易懂的例子就是美国心理学者R·李克特提倡的"顶点连接模式"。

公司组织基本都是由图表20中那样的小三角形构建而成。每个三角形的顶点就是那一部门的经理。通常汇报执行关系（指挥命令系统）都是面向位于顶点的经理，而且通过顶点又将各个团队联系在了一起，从而使大型组织整体运作起来。企业的规模会在大小以及复杂程度上有所变化，但基本上都能用此模式进行说明。

　　组织内部的网络基本上是通过顶点连接建立起纵向联系的。无论是上层下达的指示，还是下层上报的报告，基本上都是在这样的三角形中进行，然后通过顶点连接而使之相关联。假如脱离了你所在的三角形进行活动，那么组织将无法顺利运转。

　　这种纵向关系终究是公式化的汇报执行关系，组织一般也会使用除此之外的网络来工作。组织中的纵向联系不限，在横向、斜向上拥有众多网络的人大多会成为组织中活跃的关键人物。但最终的绝对责任则要在纵向联系中决定。

■ 组织的典型性类型

　　顶点连接模式是着眼于组织中的沟通交流的理性模式。因此，以下会用代表性例子对其具体以怎样的形态来组建组织加以说明。

图表21 ◆ 职能型组织

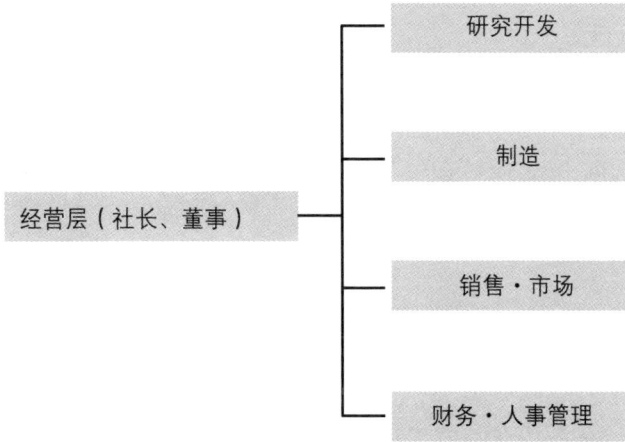

职能型组织

最简单的公司组织。首先要有经营者，然后在其下划分各机能部门。由于各工作的内容不同，因此机能也被称作"职能"。"销售"是负责向顾客提供产品或服务，"制造"则由其他部门负责。像这样将各个职能进行分化的组织可以叫做职能型组织。

图表22 ◆ 事业部型组织

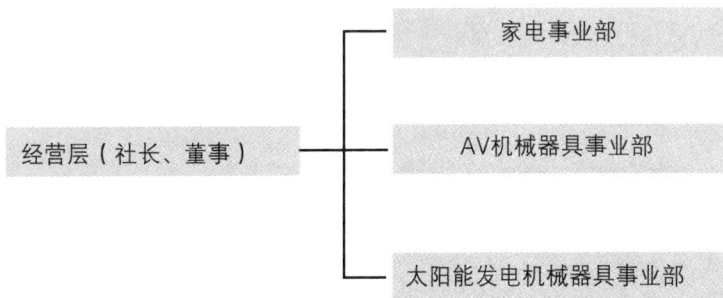

```
                        ┌────── 家电事业部 ──────┐
                        │                        │
经营层（社长、董事）────┼────── AV机械器具事业部 ──┤
                        │                        │
                        └── 太阳能发电机械器具事业部 ─┘
```

事业部型组织

在经营层之下拥有多个事业部的类型。其下的事业部有的是按照产品来分类，有的是按照顾客来分类，还有的是按照区域来分类，类型多种多样。还有的汽车厂会以汽车种类来划分事业部。如果汽车厂在中国有分厂，那么还会设立区域型事业部。

一般每个事业部都要配备人事、财务、总务等援助部门，但还是全公司共用这些部门效率更高，因此也可以将它们都设立在总公司。例如，总公司的人事负责事业部的雇用保险等与报酬相关的方面，事业部只需要负责录用人员即可。

图表23 ◆ 公司制组织

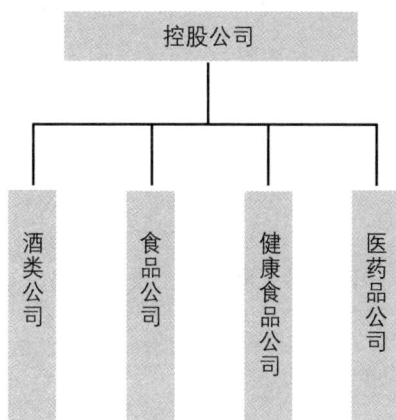

公司制组织

基本上与事业部型组织相同，但是比事业部的独立性更强的组织。在法律上，控股公司旗下可以设置多个公司。控股公司以整个集团的最优化为目标，根据需要收购其他公司或卖出已有公司。可以说是一种非常富有动态变化感的经营类型。由于各公司财务独立，因此进行M＆A（企业并购）时极为方便，这也是其特点之一。

■ 组织结构图对外保密

在有价证券报告书中公开的组织图与公司内部使用的不同。**实际在公司内部使用的组织图是企业的重大机密事项之一。**

组织是根据战略进行详细设计出来的。因此，单从组织图上就能了解到这个公司的运作方向。

并且，公司内部使用的组织图上还会在各个职务旁标注具体人员姓名，这样外部人员就能明显了解到公司的意图。例如，虽然公司内有两个事业部，但只要看到业界中的精英负责哪一事业部即可清楚地知道公司的战略方向。或者，有时也可能会因为某人在某个事业部而由此推断出他就是下一届的社长候选人。

4.设计、运用人事制度

■ 什么是人事制度?

做为驱动人的机制，首先就要进行组织设计。为了将战略落地就要对所需业务下定义，或者要对组织成员说明大致的负责业务。

人事制度的流程大致分为①录用，②分配，③报酬，④升迁晋级，⑤教育研修（能力开发），⑥离职。

其中的1~5已经在第3章中进行过说明，因此这里主要对离职进行说明。因为它是日本企业最大的烦恼所在，也可以说是在设计人事制度时面临的最为重大的课题。

虽然现在在组织中工作，但有机会时也会脱离组织。此前在日本型企业中的员工一般都是工作到退休。也就是按照公司规定，在工作到一定年龄后才离职。但有些国家禁止年龄歧视。此时员工就不会选择退休，而是会根据自己的意愿决定去留。

最近，离职又从其他角度上成为了日本型企业的重大课题。随着环境的变化，公司可能会缩小现有事业或出售既存事业，进军新事业或对其他事业进行收购。在这一系列频繁的活动中，公司所需的人才要件在不断发生变化。在这之中，公司有时可能会出现无法发挥以统一录用新人的方式引进的员工的技能与经验的情况。这样就会使员工能发挥价值的空间受限，而另一方面公司还必须要保障他们能够获得工资。从这一视点上看，这对公司与个人来说都是灾难，因此也有不少公司引进了提前退休制度。

但对于员工来说，他们的心灵契约是在终身雇佣制为前提的条件下才会在此工作的，因此提前退休成了一个重大决策。离职后的工作成为了最大的问题。在日本尚未孕育出充分的中途录用市场，再就业形势困难。

因此，有人在讨论日本是否要像欧美一样，对下岗人员进行再培训，或者构筑能够保障生活的安全网。这种讨论并非一个组织的问题，而是整个社会的问题。如果只将稳定的雇佣关系作为一种雇佣责任强加给公司，那么公司自身的存续也会出现危机。

■　人事制度的变化

人事制度也在随着时代而不断变化。今后也会如此。其征兆就是有些公司开始重新认识统一录用新人的做法。或者，虽然日本型企业雇佣外国人的情况开始增多，但是企业还在对给予他们怎样的待遇而感到迷茫。如果在对外国人的待遇问题上反应太慢，那么优秀的人才就会被竞争对手录用，就有可能导致失去竞争力。

5. 制定预算

■ 根据战略制定预算

在财务部负责的机能中，行政人员的工作是在公司制定1年计划或5年、10年等中长期计划时为其做出预算。

制作预算时最重要的就是"从哪里如何筹集资金"。他需要在发行股份、发行股权证、间接从银行贷款等多种手段中选择最适合公司战略的方式。

预算计划必须与战略绑定，因此需要财务与经营企划室共同制作。美国经营学者R.N.安东尼将"先有战略然后依此组建预算"的想法称之为"管理控制"。是一种根据战略控制税务、管理会计，最终实现战略目标的想法。

"组建预算"是制定计划的基本机能，是将整体预算分解并分配到各部门的一种方法。

首先要有个计划："5年、10年后的公司规模要发展到这个程度。为此需要进行设备投资，还要进行资金调度"。然后在对其事业部的预算进行具体补充："第二营业部要销售多少，要实现多少利润目标"。从事业部到更加零碎的部门都要将其预算细化。

Q&A

——我的公司不是以战略为前提做出决定，更多的是以同比基础做出决定，这个方针好不好？

组建预算有时也会不以战略为前提。代表事例就是同比基础提高（或减少）XX百分比的方式。与战略上的必要性相比，这是一种预测经济环境，并且更加重视目标实现可能性的做法。进而有时也会出现毫无根据的积累预算的倾向。不管怎样，这一种思想或许是认为预算越是扩大，对于自身就越有意义。

第 **7** 章

总经理

1.总经理的定位

■ 总经理的工作

前一章中我们已经对明茨伯格提出的有关组织的基本构造做了说明。

很多实务部门就像日本型组织一样统一录用新人，然后再进行分配。他们中积累了经验并获得认可的人就会像第4章中所说那样脱颖而出成为经理。在图表18中，连接实务部门与经营层的是中层执行部门。而组织中还需要行政人员。这种能够统领成员相当于经营层职位的人就是总经理。

像事业部长、公司董事长一样是一个业务单位，并对事业单位负全责的职位就是总经理。在这个业务单元中，这一职位的工作方式与公司社长相同。在权限上，中层经理的权限与总经理的权限是不可同日而语的。

总经理的工作大致分为以下3方面。

①环境分析与战略应对
②组织变革
③培养接班人

总经理要敏锐地把握外部动向，并且在平时还要思考"自己所属的事业部应该向哪一方向前进"。

我们此前曾以日本型组织和欧美型组织为中心指出了两种组织的各种各样的差异，但在总经理这一点上，两者一般无二。

图表18 ◆ 明茨伯格的组织基本构造

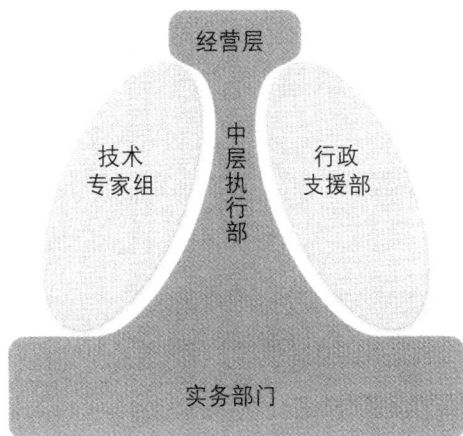

出自：Henry Mintzberg.*The Structuring of Organizations*.Prentice
Hall.1979
（翻译部分为作者私译）

2.环境分析与战略应对

　　总经理的工作之一就是提出环境分析方针与战略应对措施。

　　环境分析包括对组织所处环境进行分析，更为重要的是在公司进军新领域时怎样去解读会出现的环境。**推测新环境中可能会影响生意的要素，并且控制这些要素中的哪些因素能使自家公司获得竞争优势，这就是环境分析的要点。**

　　分析得出的元素未必就能控制。例如，公司即将进军新兴市场，为了让消费者接受我们的产品，需要符合当地消费者生活需求的产品功能，可公司未必能够做到既熟悉消费者需求又可以把需求转化为产品。这时就要确定战略，收购已进军该市场并正在开展业务的公司。当然，还有一种做法就是公司自行进行技术开发。但那需要对所要付出的时间与投资效果的好坏进行讨论。

　　也就是说，环境分析的结果就是在对已有资源、投资效果等方面加以思考后，再决定如何决策。一旦战略确定，资源就要进行集中。战略要点就是聚焦，换句话说就是放弃其他可能性。做出舍弃的决断十分困难。

Q&A

——日本型组织与欧美型组织在环境分析的方法论上为何会有差异？

欧美型组织大多是以高层领导为中心做出决定的，属于自上而下型。日本型组织则大多是高层先听取中层干部的意见，然后参与并做出决定。后者是中层做出提案，然后高层再将其正式化，这种类型是自下而上型。无法笼统地说这两种方式哪个更好。

需要迅速决定组织方向性时最适合使用自上而下型。例如，当组织正处于危机之中时，自上而下型就能凸显并发挥其作用。但这一前提是高层的决策正确。如果独断专行，那么如果方向错误就可能会出现组织的生存危机。

另一方面，日本型企业的决策速度迟缓。而且，虽然组织采用的是合议制，但做出的决策未必最合理。特别是在有众多提案时，做出取舍会更加困难。尤其是日本型组织极为不善于锁定一个决策并集中资源对其进行投入。但是，一旦决策确定下来，组织内的成员们都会高度接受这一决策，这能够使他们的战略尽早见效。

3.组织变革

■ 组织变革的目的

对于总经理来说，当组织内外的环境发生改变，此前的做法很难确保获得收益时，就要对组织进行改变，这也是其工作之一。

在第6章中，我们曾说设计组织是行政部门的工作之一。总经理所进行的组织改革却与此不同。

总经理的组织改革不仅要重新进行组织设计，还要对组织成员的思想框架本身进行改变。手下员工的意识、行动以及对其产生影响的组织文化都要进行变革。其原因在于，如果只改变组织的外部构造而不改变实际在其构造内部工作的人的行为，这种改

变就毫无意义。因此，组织变革是件大事，是总经理必须率先开
展的课题。

■ 卡特·勒温的变革模式

在这里为大家介绍组织变革中具有代表性的模式。这是社会
心理学者卡特·勒温所提出的"变革模式"。这一模式认为变革
就是把"僵硬的组织分解之后再进行冻结"。

它需要经过①解冻、②变化、③再冻结3个步骤。

解冻是指否定以往的想法与做法。因此在这一阶段会出现各
种抵抗势力。但是，如果不在此时进行彻底的自我否定，那么在
组织变革的过程中的某个阶段就会有反对派出现，那将会成为变
革的极大障碍。

其次，在自我否定的同时向新的方向迈进。这就是变化。这
是一个逐渐使组织成员确信未来方向性的正确，变革对于组织而
言是必不可少的一个过程。因此，此时不仅需要鼓舞成员，让他
们体验到的任何一个小小的成功都是"变化"这个步骤中所不可
或缺的。这些都会为全体人员共享组织的方向性做出贡献。

然后当然要进展到朝新方向展开行动这一步骤。这就是再

冻结。这时已经进入了每个人都能毫不犹疑、充满自信地展开行动的状态。也就是说，成员们不再指望着别人做出判断并等待指示，而是主动行动，这就是组织变革的目标。

1999 年，成为日产集团高层领导的卡洛斯·戈恩进行的改革就是变革模式的典型例子。

首先，在"解冻"阶段，戈恩否定了"技术日产"这一思想。他进行了自我否定——"日产不能成为技术领先的公司"。其次，在"变化"上，戈恩使用了"顾客至上"。具体做法上，他采用了增加市场专员，并组建跨职能团队等一系列措施。

这些措施见效后，每个员工都开始拥有"顾客至上"。也就是在销售汽车时，他们会生产受到顾客喜爱的车型。让这种变化不只发生在一时，将其作为社风固定并延续下去就是再冻结。

这是在环境激烈变化时，组织为了生存而彻底改变已往的战略与价值观的例子。

4.培养接班人

■ 对于接班人的想法

培养接班人是总经理的一个最为重要的工作。

总经理应该从就职时就选好接班人，以便使事业得以延续。组织会向社会提供价值，如果组织无法延续，那么也将无法提供价值。因此这也意味着组织需要承担社会性责任。

但在日本型组织中却几乎没有系统地培育接班人的这一想法。家族企业大多在最初就已经挑选好了接班人，因此才没有使之成为教育体系的想法。

接班人的教育方法基本上与培养经理相同。终极经理就是高层领导。

这里的重点是培养怎样的人才作为接班人。

有人认为是培养出能够继承自己的理念、战略的人才，也有人认为要培养出超越自己的人才。当然，如果我们不能从前者的想法中跳脱出来，那么组织就有可能会在某一时间缩小。

■ 接班计划

我们把培养接班人的计划称为接班计划。

在日本型组织中虽然没有明文规定，但大多数公司内部都有默认的高管接班人的选拔体系。很多企业都会让目标人选担任特定的事业部长等职务，让其默默地进行职务训练。尤其是日本大多数传统企业都认为，与其通过课堂讲座来对接班人进行系统培养，不如让其在工作现场获得成长。或许这也是原因之一。

另一方面，欧美型组织培养接班人的手段往往是使其系统化地掌握MBA课程中所涵盖的知识与技能，在此基础上再对其在实务中获得了怎样的结果进行考量，最终逐步选定接班人。这是大多数欧美型组织的做法。

当公司内部没有合适的候选接班人时，有时也会从公司外部录用。这也是接班计划的一部分。这样就可以不局限在公司内部，自由选择理想的接班人。当希望下一代能对包括组织文化在内的一切进行巨大的改革时，这可能会是一种有效的手段。

如何培养接班人，或者选择从外部录用人才等对于总经理而言都是重要课题。例如，日产从外部聘用了戈恩，戈恩的接班人问题也渐入话题。同样的，另外一些有名的企业家也没有听说关于他们的接班人的名字，也说明接班人的培养并非易事。例如，软银公开招募候选接班人，此事件成了带给社会巨大冲击的大新闻，这些事情大家是否还记忆犹新呢。

第**8**章

新动向

在此之前我们也曾说明过。一百多年前，当"组织"这个概念刚刚被发明时，其目的是利用科学技术，产生社会价值。当时的技术主要是机械技术，其动力是蒸汽或电力。

使大量生产、大量运输成为可能的技术的出现与应用为社会带来了更多的恩惠。但是，在组织中工作本身却存在着很多问题，这是事实。就如很久之前由卓别林参演的电影《摩登时代》所表现的那样，工厂车间中的非人道行为成为了众矢之的。

而且，这还是一个早已有之的新问题。即使到了现代，在组织中工作也未必能够带来幸福，这样就会引发问题。在日本产生的"过劳死"一词在英语中被标注为"karoshi"。即使没有达到那种程度，心理健康受损也会成为巨大的社会问题，最终它惊动了政府。政府曾经宣布50人以上的商业机构有义务实施心理健康对策(《日本经济新闻》2014年3月11日)。

要认识到组织的存在是为了使社会丰裕,如果在组织工作中的人感到不幸福则毫无意义。

《摩登时代》中表现出的是对作为影片原型的福特工厂劳动者的讽刺。但据说在20世纪初,福特工厂劳动者的佣金至少是其他劳动者的2倍。有人曾说当时的福特工厂员工能够买得起自己公司生产的汽车,这无疑是在表明其生活水平之高。

另外,**技术本身在组织诞生之时是以机械为中心,但现在受到瞩目的则是情报技术**。如同此前指出的那样,核心技术的改变就会改变与之相适应的组织形态。但是,在管理理论方面还没有取得针对利用最先进技术的组织形态而进行的充分研究。

从以上问题意识中,我们首先要从自我充实感(subjective well-being)的视点出发,去思考最近备受瞩目的工作与生活的平衡,以及多样性和情报技术是如何对组织形态产生影响的。然后我们再来重新看待个人与组织的关系。

1. 工作与生活的平衡

■ 工作、生活的平衡与性别

在日本进入少子老龄化社会的背景下，提到工作与生活平衡就会使人感觉这里关注的焦点是女性。在支持养育孩子的具体实例方面，大多数公司都以缩短出勤时间、发放幼儿园补贴费用等为主，也有的公司会召开以女性员工为主的说明会。在孩子进入小学以前，女性员工可以工作到16点，当因为出差而需要将孩子送往幼儿园时，公司会为其补贴一部分费用，这些制度多少对作为母亲的员工起到了一些帮助作用。

但是，为了过上充实的生活并不是只要解决了特定性别的人的问题就可以的。家庭生活本来就不是单靠女性来经营的，所以才更要思考如何平衡。

原来将工作与生活的平衡仅仅看成是女性的问题是出于人们潜意识中认为，女性本就应该承担家务、养育孩子，因此才会出现需要减轻女性负担的论调，并在此逻辑下为此实施了很多措施。

一边要在组织里积极工作，一边又要过上充实的家庭生活的确不容易。男性同样也是如此。把工作与生活的平衡全归结为女性的工作方式问题并没有抓住问题的本质，并不能解决问题。在这种问题意识的背景下，针对男性推出积极的育儿休息制度的公司也在不断增加。男性也可以获得几周甚至几年不等的时间。为了能使更多的男性开始积极地参与育儿，很多公司也在不断完善各种制度。

改善女性职场环境的意识得以提高是件好事，但与此同时，男性面临着更加严重的问题。

观察如今的日本社会你会发现，现实中有很多因工作与生活的平衡被破坏，从而导致男性出现过劳死的现象。男性的就业率的确很高，但你认真考虑就会发现，这也和用来形容日本的"karoshi"一样，日本的大部分问题都源于男性的工作方式。

很难说明其成因，至少很多人都是将公司生活排在了家庭生活之前。有人会将公司比喻为是共同体或家庭，有时组织的逻辑会压过个人逻辑被强行决策。此时，如果个人太过于优先考虑组织，那么就无法确保自己的私人时间。这是事实。

即便没有发展为过劳死这种极端事例，但在工作优先的生活中，如果男性不去照顾家庭生活，例如几乎不参与养育孩子，那么他的家庭中就会出现矛盾。有人认为这也是产生家庭暴力的一个因素。

而且，也有人在过了几十年以公司为优先的生活后，当他退休以后作为市民在某个区域生活时，他会感到生活困难。如果你每天都在与附近的人接触，在这个区域里生活并不会有什么困难，但对于优先参与织活动的人来说，他会对要在市区里做什么感到迷茫。不仅是在区域社会中，对于只会工作的男性来说，他会对工作之外的活动能否顺利进行而感到不安。

退休以后要怎样度过每一天？怎样才能有意义？怎样才能快乐？为了度过充实的人生，这些是我们应该思考的课题。

■ 工作、生活的平衡与文化背景

另外，在日本文化中，父母老后要由子女照顾。为此，即便是正处于壮年的员工也会因为父母病倒而在短时间内改变工作方式，或是选择离职，这也并不稀奇。甚至于在日本有"看护辞职"这个词语，如何做到工作和家人的平衡也逐渐变成一个大问题。

照顾父母与育儿不同，因为没办法预料要到何时结束，因此如果时间过长，员工就会选择辞职。而且，不论男女都有可能会面临这个问题。当父母年迈、一个人生活困难时，儿女自然要照顾。这是日本社会共有的价值观。如果你不照顾，那么自家的亲戚或是邻居都会对你指指点点。

而且，当父母到了需要照顾的年龄时，在你照顾完父母后，再想重新恢复工作也很困难。

有时也可能会因此而断送自己的职业生涯。在欧美，老人年纪大了需要照顾时就会去养老院中生活，这是极为普遍的。但在日本那样做的话，众人对你的评价可能就会完全不同。在欧美尊重个人生活的价值观上看，也许即便是父母也不能让儿女放弃自己的生活与人生。

Q&A

——有关职业与生活文化背景上的其他例子还有哪些？

这与养育孩子一样。有些文化中认为养育孩子就该交给母亲。毫无疑问，在孩子小的时候，母亲的作用的确非常大。但是，女性不仅要养育孩子，还被冠以"保护家庭"的印象。

很多日本人都把成为贤妻良母作为理想。

在这种社会价值观的背景下，积极参与育儿的男性成了少数派。然而我们也要注意到，工作与生活平衡不仅是企业组织的问题，还是广大社会的问题。但是，要改变文化价值观绝非易事，我们应该对此有所觉悟。

■ 工作、生活的平衡是管理的原点

组织不过是丰富人类生活的工具，既然如此，工作与生活的平衡就应该是管理上应该回归的原点。做不到这一点就意味着本末倒置。生活的意义就是生命，生活，人生。产业革命以后至今，无论在哪个时代，企业组织都会被问到这一问题。

对于企业而言，这是一个非常沉重的课题。也可以说这是期待企业担负起使社会稳定的机能。除了育儿援助、护理援助等个别援助政策的充实，人们彻底开始重新看待此前在总劳动时间、雇佣形态等方面被看作是理所应当的制度与习惯。

例如，没有理论证明8小时劳动制是否合理。每周休息几天合适也是如此。它们都是按照长期以来的习惯决定的。

现代日本企业还面临着免费加班、劳动时间过多、人际关系恶化、人才不足等问题。工作与生活平衡的难点就在于不能完全说劳动时间长就是问题的所在。

Q&A

——即便有很多难点，作为企业组织，首先必须要抓住的是什么？

我认为是劳动生产率。据OECD（2011年调查）显示，日本总劳动时间长达1700小时，但却并未因此产生附加价值。调查结果显示，以时间换算金钱，美国每小时60美元，日本则为40美元。

这就是工作先于生活的日本商务人士的实际状态。就算有人因此批评他们只是待在公司里，重视同伴却疏忽业务也无可奈何。即便是在为员工长时间劳动支付等价报酬的公司中，如果其产生的附加价值低，那就说明这个公司缺乏经济合理性。

· 由此看来，提高每小时的生产率是重中之重。即使是在国际竞争中，只要抓住这一点，它也能成为我们自身的有利条件。要提高劳动生产率，就要使所有员工都过上充实的生活。

首先要考虑的是打造对生产率高的人予以高回报的人事制度，抓住提高生产率这一要点向前推进，最终会使工作与生活得以平衡。

2.多样性

■ 多样性产生的背景

在管理层面来说，多样性是指不拘泥于对方的性别、国籍、年龄、宗教、是否残障或价值观有何不同等，灵活录用多样人才的想法。字典上也有"多样性"的解释，但这里则是指更加积极地灵活运用多样性。

在以往的管理中，为了达成目的会采用寻找可控手段的行为。从这一层面来说，**多样性曾在很长时期里与组织属性不合**。组织是为了达成共同目标而协作的系统，因此它重视均一性，如果每个成员都有各自的视点或采用多样的行动，那就不容易达成目标。因此组织希望拥有价值观与背景相同的成员，并且统一采取行动。在工作与生活的平衡中我们也指出，在以往的组织管理上，组织总是优先于个人。

　　既然如此，尽可能否定多样性才会使管理更为轻松。但是在现今的管理上为什么会如此重视多样性呢？这是关键。

　　这一问题有以下几点背景。

　　首先，社会在全球一体化。换言之，社会流动性在急速提升。即便住在国内，也有很多机会接触到多样性的文化与价值观。商业上也不例外。应该说，**商业本身就在积极地在全球范围内扩大活动领域。因此，无论个人与组织，为了生存都必然要接受多样性。排除异己最终会被孤立。**

　　第二，全球化问题也作为人权问题而被关注。在人人平等的原则下不允许发生歧视。因为残障而使其就业机会减少，或者被企业拒绝等都是不该发生的。当然，因性别、国籍等产生的歧视也同样不该发生。

　　以上两点从企业组织的角度来看，组织都是在被动地接受多样性。而第三点则要求企业组织自身必须具有多样性。如果企业组织的构成成员大多为日本人，且多是男性，学历也相似，那样就会轻易陷入相同的价值观与视点中而不可自拔。

Q&A

——我们需要追求不同的价值观，但是我们要做到何种程度？

第5章中我们已经指出，具有较高相似性的组织很可能会引发集体迷思。与多面性讨论相比，这种组织极易出现以凝聚性、全员一致为优先的危险。因此这就极有可能使组织无法做出合理的决策，有将组织误导向错误方向的危险。

组织越具包容性就越会有多样性。

詹姆斯·索罗维基也曾说过，每个人的想法各异且都带有偏差，而将这些想法集中起来就能形成决策，这是将集体决策引入正途的模式。

另外，在环境变化激烈时，组织成员在类同的思考下很难产生弹性思维。如果思想上没有变化，就只会利用特定的方式来解决问题。只通过经验进行判断就会很难产生新的想法。诸如苹果创始人史蒂夫·乔布斯一样的人物很难在日本型组织中生存。例如，苹果系列产品的零件很多都是日本制造。但实际上，日本企业却制造不出与苹果相比肩的产品。如果进行巧妙的组合就能抓住创新，那么它还需要超越常识的思想上的碰撞。

但日本企业要抓住创新却缺少能够相互碰撞的多样性。因此，作为组织来说，具有多样性的人才并使其大展才能是一个巨大的经营课题。

日本企业需要具有包容性，需要更多的多样性。

■　如何管理多样性

多样性有时会影响到组织的延续。如果组织不能保持统一的方向性，那就会面临崩溃的危险。尽管如此，如果想要推进多样性，那么它要怎样与组织的凝聚性保持平衡将会是一个课题。

同时，组织录用的人才一定要尽力让其做出贡献。如果组织是出于社会责任而采用了多样性的人才，那么不论对于企业组织还是个人来说，这样或许都会造成不幸。尤其对于人才来说，忽视能力的录用可能就是一种对其存在意义的否定。因此不仅要明确方针，还要明确告知人才他具体要负责什么工作、拥有怎样的待遇。

其次的难点就是创造出在实际工作中能够让其他员工自然接受多样性人才的条件。决定方针、设计制度后，双方最终能否进行协作则是关键。要与习惯、价值观不同的人长时间工作并不是件容易的事情。有时可能需要为其准备特别的餐点。有时还可能会因为他要祷告而中止会议。也可能会有人否定在以往的组织中最为重要的规则或想法。很多方面可能都需要进行设想，而我们所要做的就是采用多样性的意见，抛弃此前的常识并进行真挚的讨论，思考商业的本质。

同化每个人的不同个性就会失去意义，要让各种差异共存。追求价值观相同本身就是在否定多样性。重要的是要认真分析每个问题，然后改掉以往"理所当然"的态度。认为理所当然是有前提条件的，因此有必要重新认识这一前提条件。尤其需要注意的是，有些前提条件虽然在某一时代有效，但在其后却会失效。然而我们却并没有对其进行再次探讨。

Q&A

——请说说在企业听取了否定以往组织所重视的规则与想法的意见后获得成功的例子。

例如柯尼卡美能达的外部董事提出，公司必须撤出创业至今所经营的相机生意。这对老员工来说简直是晴天霹雳。但是他们并没有因此拒绝这一提议，而是对其进行了认真的讨论，最终从现实出发，决定撤出相机市场。其结果是，柯尼卡美能达得以恢复业绩。

■ 多样性管理的出发点是录用

很多企业组织都在为多样性管理而劳碌。之所以会这样是因为现在普遍都在从公司外部寻找多样性。一旦强烈意识到"必须做"，他们就会表面应付。例如，法律规定，企业必须录用一定比例的残障人士，企业组织对此的态度就是一个例子。如果没有认识到这是为了生意成功而"必须做的事情"，那么他们就不会有积极性。

是否能够成功要看判断基准是否清晰。例如可以通过能力来判断，切实确立起这样的基准非常重要。例如，如果要在中国设立工厂，那就要用明确的基准判断出"在中国的生意要想成功需要这样的能力"。它与人的年龄、性别、人种无关。要以能够为事业战略做出贡献的人才为最优先的判断基准，这样自然就会拥有多样性了。

Q&A

——考虑我公司的情况，我感觉要设计这样的录用标准似乎不简单。

日本企业似乎很少有将职务明确记述下来的习惯。也就是说，日本企业是看人分配工作，而为了某个工作而添置人员的思想却很薄弱。因此他们不善于在录用人员时明确告知其职位。与其说日本型企业组织中的职务记述模糊不清，不如说在组织运作中重要的是事先说明，在非正式的场合下人与人的联系。这种管理方式在同类人中开展工作时进展会很顺利。

为达成经营目标录用具备合适能力、经验的人才，其结果最终使人才多样化。这才是人才多样化的理想状态。

3.网络组织

ICT（信息通信技术）的发展为商业带来了3次变革。第一次是ICT自身成为服务商品，做为产业发展。第二次则是因其成长而使公司中的人们的沟通交流方式发生了改变，并且影响到生活方式与消费行为。最后则是由于ICT带来的新的沟通交流方式并不需要共有物理空间，因而使在虚拟空间中工作变为可能。

这三点都在发展中，因此它还会为商业带来更多变化。但在这里，我们要从组织层面关注第三项内容。因为它对以往的组织管理形式带来了巨大的变化性冲击。

■ 什么是网络组织

以网络为基础的沟通交流首先可以无视地域界限。从整个地球范围来看的话，当一边是夜晚开始休息时，一边则是白天能够工作。也就是说，组织可以24小时工作。组织就是分工系统，因此能够在各个地域开展工作。

以产品开发为例，从基础研究到产品开发，再到生产技术开发，整个过程都能够顺利地进行。在医药界，已经有大型药品厂购买了风投公司所开发出的技术。无论风投企业在世界的何处，这都对生意本身没有影响。这就表示，只要对各机能进行定义，即便脱离地域，甚至不在同一组织中也能产生价值。

Q&A

——软件开发也是如此，决定好样式设计后就可进行外部委托。这也可以说是网络组织的一种活用吧。

绝对是典型事例。分工明确后，所有机能就不需要再聚拢在同一组织中。但要使各个机能独立，又要适时地合作，这在以往的技术中是很难做到的。但随着ICT的进步，各方同时共享文本、图像、音频或影像等成了可能。

全世界都可以通过电脑画面，在观看模型开发的同时对其进行讨论。ICT让人们即使在各自的组织中，也能在必要时和其他公司的人或者自由职业者等进行密切接触，联合展开工作。

将这种技术进一步扩展就会形成一个让担任特定机能的人也能在需要时协同工作的系统。在有需要时就能使所需技能得到最大限度发挥的工作方式，会为劳动者与组织都带来好处。拥有这种在需要时集中人员，工作完成后人员解散的平台的组织可以称之为网络组织。由于网络组织能在需要时与成员通过网络取得联系，因此它不需要保留企业组织的所有机能。他只需要保留企业组织强项，也就是保留核心价值部分即可。

与其说核心价值是客观的，不如说它是将经营者的思想、价值观等语言化后的行为规范。而且，即便是在环境、战略发生改变时也适用。例如，YKK就是以①即使失败也要成功，②始终坚持品质，③绝无瑕疵的信用，三点作为其核心价值。即使失败也要成功这一点乍听起来似乎会感觉矛盾。但YKK却认为它是商业上重要的一点，必须遵守。他们认为这些未必是完全用逻辑的一贯性可以解释说明的。

不管是否属于某个特定组织，只要拥有相同的核心价值就能形成一个坚固的整体。这是以信念为基础形成的协作。

■ 网络组织的优缺点

优点是具有弹性。**由于可在需要时利用外部人才或设备，因此本身不需要拥有多余的资产，也能很快在环境变化时做出应对。**

另一点就是能把一些创新元素都聚集到公司内。与以往的组织相比具有明显的多样性，因此更有可能产生创新性事物。这也是一个优点。例如，有一种思想叫做开放式创新，它在某种意义上就是以网络组织为前提的。而且，现在已经出现了一些开放式创新的成功事例。这种集中全世界的创意与智慧，并且极为灵活而迅速地将其转变为产品或服务的能力有可能会撼动社会本身。

另外，从工作与生活平衡的角度来看，想工作的时候就工作对于劳动者来说也极具魅力。

他们只要在有需要的时候提供劳动即可。

另一方面，网络组织的缺点是，**为了找到能够形成网络的伙伴需要消耗成本，也就是探索成本。**而且，在双方就协同劳动的条件进行交涉时也会产生谈判成本，在对是否能够得到期望的结果进行监视时也要付出成本。当然，ICT本身也有成本。而且，在取得成果前，还需要具有进行流程控制的技术。

也就是说，网络组织虽然是组织，但同时也具有市场的性质。因此就会产生以上的交易成本。罗纳德·哈利·科斯曾经提出，组织成立的理由是因为与市场相比，在同一个组织内部进行交易的成本更低。然而，当组织内的活动外部化时则会花费成本。

Q&A

——那么，为发挥网络组织的优点，我们要做些什么呢？

社会心理学理论给了我们一个启示。那就是利用社会所具有的"评判"机能。如果能在社会上安装一个评判"这个人好""那个人坏"的评价系统，人类就会做出利他行为。也就是说，在人类为他人做出行动时不是因为喜欢对方，而是因为在意第三方的评价而行动。只要属于社会就不可避免地被社会所评价。这是真正的"奉献不只为他人"。

再者，如果这样的系统能够稳定地实施其机能，那么就会降低寻找同伴时的风险。系统能够为我们判断是否和这家公司合作是否和这个人合作。更好的是，它也能增加我们找到新伙伴的机会。在历史上，当热那亚人选择贸易伙伴时就以利用这一系统而闻名。

■ 网络组织能否常态化

网络组织或许能够提供解决工作与生活的平衡、多样性等组织管理方面的重要课题的线索。

实际上，朝九晚五的工作习惯在人类历史上看来也不过出现了100多年。这一习惯原本是从如何能使工厂的生产活动按计划进行这一想法中产生出来的。如果工厂中的人们不能一起工作，那么执行部门的效率就会恶化，因此才将劳动时间定为朝九晚五。当然，现代的生产现场依然需要这种工作方式。

但是，在多样性价值的产生方式以及广义生产技术获得发展的现代，我们似乎没必要执着于在特定时代与社会中产生的劳动习惯。也有人认为，正是因为这种执着才使工作与生活平衡的问题凸显了出来。

但是，在网络组织中工作的个人需要有更胜他人的自制心与自我控制能力。你的身边没有同事与上司。因此，如果不能自行

管理好自己的工作，那将很难获得成果。因此选择在网络组织中
工作，还是在拥有同一物理空间的组织中工作也是在个人选择时
会面对的难题。

4.现在的组织与个人之间
正在发生什么？

关于工作生活平衡、多样化、网络组织引发了众多的热议，这里做为本章的总结去思考为什么这个主题受到关注。

■ 重新认识"心理契约"

在以往日本的企业组织中，每个人都隐晦地知道自己要对组织忠诚，并能因此获得生活保障。因此，员工才会将免费加班、周末出勤等视为理所当然。在这样的劳动方式下，员工们未必会以家人为优先。因此，员工会认为个人为组织做出了贡献应该得到回报。另一方面，组织也必须保证持续雇佣做出了这样贡献的人。这种彼此间所达成的隐晦的约定就称之为"心理契约"（克里斯·阿吉里斯），这在本书前半部分已经进行过说明。

严格来说，员工对组织的忠诚表现为与同事相处。与同事一起行动最为重要。即便自己的工作已经结束，如果同事或者上司的工作还没有完成，那么自己仍然还要留在单位，这种行为模式极为常见。这种形式被看作是在强化同事之间的关系。同事之间一起喝酒、一起打高尔夫等等又是一种强化形式。要维持这种同事关系就要首先获得同事的认可。因此要避免被同事排斥。

而且，只要乖乖跟着同事一起行动，自己在组织中就能得到稳定的地位，这一点不言而喻。这种行动模式不断持续的结果就是使生产率下降。因为在这样的组织中，与同事团结一致地行动已经要比取得工作成果更加重要。由于在决策时也会出现全员一致的倾向，因此会议上就会花费很多多余的时间。就会把一些没必要讨论的事情也拿出来面对面讨论，以求获得统一意见。如果有人能把"枪打出头鸟"作为组织行动的准则，那就会很难做到力排众议而为实现目标进行各种努力，也不容易去思考如何独树一帜来提高工作效率。

那样一来，组织的竞争力就会下降。有些组织与个人逐渐发现并明白工作方式多样对于双方来说都是巨大的优点。因此他们也开始逐渐对心理性契约有了新的认识。

Q&A

——请再仔细讲讲有必要重新看待心理性契约的理由。

为了解决现实问题，日本型组织曾经打破常规，采用成果主义作为人事制度的核心原则。以成果作为评价指标也许是希望使生产率得以提升。但是这一目的未必能够实现。在心理契约的前提下，让已经习惯了在工作上与周围人的视点或行动步调一致的人突然独立进行工作并且取得个人成果，这在方向转换上绝非易事。因此，如果想要引进诸如成果主义等制度，首先就要重新看待作为前提的心理契约，采用明确记述职务等措施。

当处于国际竞争中时，如果生产率低下并且还要保证长期雇佣，那么公司就会逐渐进入困境，这时就会经常裁员，这在日本企业组织中已经极为常见。

劳动者要防备企业出现这种运作。这就要求我们必须自发地去开拓职业。也就是说，相比对组织忠诚，首先要忠实于工作本身。因此，提升自身能力、积累经验，在提高自身的市场价值上倾注全力是上策。

　　另外，企业组织也会录用自主提高能力的人才。中途录用的增加说明企业期望能够尽快看到成果。从战略经营的视角上来看，这意味着迅速筹备战略执行所需的人才，是一种正确的方法。

　　现在我们已经进入了一个重新看待个人与组织关系的时期。用通俗的语言简单地说，从个人角度上看，公司比家庭更重要的工作方式不再能够获得雇佣保障，因此必然就会出现劳动方式上的变化。

■ 寻求"自律性职业规划"

　　个人与组织不再保持长期雇佣关系后，两者的关系就会分为以下两类。①身在组织中，但会以自己的职业经验、生活等为优先的劳动方式，②不在组织中，但会在一定限期内与组织进行协同劳动的劳动方式。

　　① 即便在组织中也会以个人为优先。也就是说，这类人重视通过组织提升自己的职业经验或丰富自己的生活。采用这种工作方式的人会将育儿等自身事项排在工作之前。或者有的人则是以兴趣为优先。这时对于组织而言，如何使工作与生活取得平衡

或保持多样性就成了重要课题。

一旦企业组织想要确保长期留住优秀的人才，就不得不对个人的"私人领域"——性别、家庭、文化等进行干预。这是因为有人认为私人领域的充实能够促进人才对组织的贡献。既然优秀人才是稀缺资源，那么企业组织就必须要采取应对措施。但是，这种应对也要有限度。做为组织，对个人的所有私事都一一对应也不太现实。

② 也可以说是网络组织的最终形态。如同已经指出的那样，具有弹性和提高创造性是网络组织的目的之一。因此每个独立的个人也要根据目的而进行协作，这是一种理想状态。创造性通常都会在不同视点的结合中才会产生。将积累了各种经验的个人能力进行集中，并使其成为统合力，这就是网络组织所令人期待的。

■ 追求自我充实感

工作与生活的平衡以及多样性等正在迫使我们重新认识个人与组织的关系。组织原本是让个人获得幸福的工具，这也可以说是让组织回归原点的一种表现。而且，少子老龄化、女性进入社会等成为了提倡工作与生活的平衡的背景原因。企业组织只要存在于社会中就会受到它的影响。

另外，ICT在使网络组织具有时效性方面功不可没。技术的发展使自宅办公等多种多样的劳动方式成为可能。它使我们能够在选择以个人生活为优先的工作方式的同时为组织做出贡献。

虽然还不完美，但这至少为我们准备了能够在追求自我充实感的同时也能工作的环境。而另一方面，为提高自我充实感，我们还有很多必须要解决的课题。

例如，在工作与生活的平衡中，员工与其他成员相处的时间会减少，有时彼此的时间甚至会错开。有人指出这就是出勤时间短所造成的问题。也就是说在工作上投入的时间存在不同。但也有专家认为这未必会对工作质量产生影响。

多样性是以性别、文化等为基础的价值观上的差异，它也有可能会给组织的统一性带来麻烦。

无论哪种情况，只要它不会直接影响到工作本身的质量，那么接下来要重点思考的就是如何设计评价制度确保对工作成果做出准确评价。

如此进行思考后，我们就会发现早已有之的新问题。也就是

"如何对工作进行评价"。虽然现在有很多评价方法，但我认为至今没有哪一种方法是最佳方法。

更进一步说，并没有绝对正确且唯一的组织论答案，反倒是对于评价制度的认可度更为重要。从评价这一点上看，在本章中提到的网络组织中或许会能够得到极为公平的评价，因为其评价就像市场交易一样公平。

同时，如何激励不在身边的部下，或者如何激励与自己价值观相异的部下，以及选用怎样的领导形式更适合进行反馈指导等，这些都是在日常管理中必须要解决的课题。因此，无论是人事制度还是管理行为，都要适应这些新动向，这是当前无法回避的难题。这一课题的解决将会成为提高组织中的个人自我充实感（subjective well-being）的第一步。

可以预测，提高自我充实感的动向会在今后更加活跃。其原因是，如果个人要处于满足状态（=well-being），他人、也就是整个组织也要处于那种状态。以为社会做贡献为目标的组织要想实现其目标，首先就要思考如何使组织处于充实的状态，这是不可或缺的条件。

结束语

感谢您能读完本书。

如果在读完本书后，你对组织管理方面的疑问有所减少，作为本书作者我会感到不胜欣慰。作为商务人士，在今后的职业生涯中对于人或组织进行管理一定是必修课。当然，也许你已经拥有部下并开始出现了各种烦恼。组织的存在才能使您超越个人极限从事更为重要的工作，而为了要让组织得以健康发展则离不开管理。

另外，理解管理这一科目并使其成为自己的东西并不容易。即便你已经坐上了高层领导的宝座，依然会有困扰你的问题。无论你有多么高深的理念，想要制作出怎样细致的战略，如果组织中的成员不能向着同一方向努力并展开行动，组织的目标就不会实现。

　　为此，有些经营者会积极地在员工食堂与员工们畅谈，或者常常毫无预警地巡视全国生意网点。他们都意识到，如果只将自己关在办公室里就不会了解基层的情况。当然，不仅是与员工谈话，设计并运用制度也是高层领导的重大工作。因为制度就是体现战略的方法之一。

　　这些经营者的行为能够使人提前了解到公司的前进方向，这对商务人士而言非常重要。经理的言行与人事制度都以公司的方向、战略作为基础。因此，以此为前提展开行动，也就是说，每个人的个别行动都要体现整个公司的动向与整合性。这样一来，个人对组织所做的贡献就会得到好评，其结果就是使组织得以延续。出于个人经验或眼前的利害关系而展开行动不仅不能得到好评，而且还会使整个公司的战略难以实施。

　　今后组织所处环境的变化会越发激烈。在局势并不明朗的情况下，个人想要发挥才华不可或缺的就是学习能力。如同软银经营者孙正义所说，为了能够绞尽脑汁去思考，首先要有能够思考的武器。

　　个人与组织如果只能用固定的方法去解决问题，那么总有一天会停滞不前。自您读完本书后，如果你能为了掌握新的思考武器而打算进一步学习，我作为作者将会万分欣慰。

最后，感谢为本书担任企划的GLOBIS出版局的岛田毅先生、佐佐木一寿先生。特别感谢佐佐木一寿先生专门就如何企划，以及如何将创意具体化等与我进行了讨论。"让我们创作出现代企业组织论的经典之作！"——如果没有这样的激励，这本书将无法完成。

另在原稿制作过程中，山本启介先生也给予了我各种的建议，在此表示感谢。从企划到出版，PHP研究所的池口祥司先生始终与我在一起，并给予我很大的帮助，非常感谢。

除以上提名的感谢者外，此书能够成形也要感谢我负责的班级中的学生们所展开的积极的讨论。我向他们学习了很多东西，再次表示感谢。

二零一四年七月

GLOBIS经营大学院教授 佐藤刚

参考文献

切斯特·巴纳德著，山本安次郎、田杉竞、饭野春树译：《经营者的作用》，钻石社1968年版。

艾尔弗雷德·D.钱德勒、Jr著，有贺裕子译：《组织适应战略》，钻石社2004年版。

J.R.加尔布雷斯、D.A.纳坦松著，岸田民树译：《经营战略与组织设计》，白桃书房1989年版。

今井寿宏著：《劳动者职业规划》，PHP研究所2002年版。

约翰·P.科特著，DIAMOND哈佛商务评论编辑部，黑田由贵子、有贺裕子译：《第2版 领导力论》，钻石社2012年版。

守岛基博著：《人才管理入门》，日本经济新闻社2004年版。

道格拉斯·麦格雷格著，高桥达男译：《企业的人类侧面（新版）》，产能大学出版部1970年版。

亨利・明茨伯格著，池村千秋译：《经理实像》，日经BP社2011年版。

高木晴夫监修、庆应义塾大学商务学校编著：《组织管理战略》，有斐阁2005年版。

佐藤刚著：《组织自律力》，庆应义塾大学出版会2006年版。

顾彼思商学院著，佐藤刚监修・执笔：《团队思考》，东洋经济新报社2012年版。

顾彼思商学院著，佐藤刚监修：《GLOBIS MBA组织与人才管理》，钻石社2007年版。

赫伯特・A.西蒙著，二村敏子、桑田耕太郎、高尾义明、西脇畅子、高柳美香译：《经营行为（新版）》，钻石社2009年版。

杰弗里・费法&罗伯特・I.萨顿著，清水胜彦译：《基于事实的经营》，东洋经济新报社2009年版。

史蒂夫・P.罗宾斯著，高木晴夫译：《组织行动管理（新版）》，钻石社2009年版。

沃伦・贝尼斯著，伊东奈美子译：《成为领导（增补改订版）》，海与月社2008年版。

*本书中记述的有关魔法扫把的开发见《文艺春秋》2002年9月号。